TOM JOBIM

trayectórias // **musicales**

TOM JOBIM

ENSAYO
Sergio Cohn

ENTREVISTA
Zuenir Ventura

COLECTIVO EL PUENTE INVISIBLE

BACKLANDSPRESS oca

andantes LESMOTS MOBILES

Trayectória Musical | Tom Jobim

COORDINACIÓN EDITORIAL Y DISEÑO GRÁFICO
Sergio Cohn

TRADUCCIÓN
Colectivo El Puente Invisible
Sergio Cohn

PROYECTO ORIGINAL
Ana Paula Simonaci | Janaína Marquesini | Leonardo Lichote
Paulo Almeida | Sergio Cohn

FOTOS
Daryan Dornelles (cubierta, 14); Archivo Manchete (18, 23, 26, 31); Archivo O Cruzeiro (34);
Archivo personal (40, 59); Sebastião Barbosa (51); Sergio Cohn (64); Archivo O Globo (74).

ISBN: 978-989-35445-3-2

COLECTIVO EL PUENTE INVISIBLE

OCA EDITORIAL (PORTUGAL, BRASIL Y ANGOLA)
EDICIONES ANDANTES (ESPAÑA Y AMERICA LATINA)
LES MOTS MOBILES (FRANÇA, BELGICA Y CANADA)
BACKLANDS PRESS (USA, CANADA, INGLATERRA, SUDÁFRICA, JAPÓN Y AUSTRALIA)

MÁS QUE EDITORES, PUENTES ENTRE CULTURAS

trayectórias / musicales

Las voces del mundo son múltiples. También lo son las formas en que los pueblos se piensan a sí mismos. Si la cultura occidental moderna ha dado prioridad a la reflexión filosófico-literaria, es decir, ha concedido un valor especial a la palabra escrita, es imposible negar el poder de la música no sólo como medio de expresión, sino también como fuente de pensamiento. Muchos países, especialmente en África y América Latina, se piensan fundamentalmente a través de la música. Pero no sólo ellos. La música ha desempeñado un papel central en los principales cambios sociales de las últimas décadas, consolidándose como un instrumento transformador de la máxima importancia.

Así, al reunir ensayos biográficos, entrevistas y discografías de grandes nombres de la música mundial, la colección Trayectórias Musicales permite conocer, de forma sabrosa, no sólo la historia de la música contemporánea, sino también importantes momentos políticos y sociales que han transformado el mundo.

Publicado por El Puente Invisible, un colectivo de editores, artistas, investigadores y traductores de diferentes lenguas y lugares - Oca (portugués), Andantes (español), Les Mots Mobiles (francés) y Backlands Press (inglés), con el objetivo de construir puentes y diálogos entre estas culturas, la colección Trayectórias Musicales pretende ser algo más que una colección de libros; busca ser un acto político de cercanía y apertura al otro, de diálogo franco y de establecimiento de relaciones entre culturas, creyendo siempre que la música es un importante vector de conocimiento, de valorización cultural y de transformación social.

Abre-alas

Chico Buarque lo define en uno sus versos como "maestro soberano". Gilberto Gil lo proclama el "gran maestro de la venerable orden de la canción", y luego lo reconoce como el "chiquillo de la selva virgen", revelando dos caras de su grandeza.

Antônio Carlos Brasileiro de Almeida Jobim es uno de los más grandes nombres en las alturas más elevadas de la música popular brasileña, como lo sugieren estos versos que lo dibujan diverso. La mayoría lo ve con la deferencia que se presta a quienes sedimentaron las bases de esta historia de "infierno y maravillas" –como canta Chico en "Paratodos"–, recorrida por todos los que vinieron después de él, y muchos de los que lo precedieron.

Porque lo que hace Tom (en gran medida, a partir de su encuentro con Vinicius de Moraes y João Gilberto, pero no solo allí) es darle un sentido de siglo al trayecto que la música brasileña había trazado hasta ese momento, desde un lenguaje musical que alcanzaría, en ese período, su apogeo. Las lecciones de Pixinguinha, Noel Rosa, Villa-Lobos, Ary Barroso, Dorival Caymmi –y también Debussy, Kurt Weill, Cole Porter y muchos más– se proyectan en su piano, a menudo revelándose de forma inédita.

Tom es el equivalente, como pocos en la tradición de la música popular brasileña, al fenómeno que Jorge Luis Borges identifica al hablar de la relación de Franz Kafka con sus antecesores: "El hecho es que cada escritor crea a sus precursores. Su labor modifica nuestra concepción del pasado, como ha de modificar el futuro". Así, Tom nos ayuda a comprender –o "inventa" un entendimiento, lo que vendría a ser lo mismo– de dónde viene y hacia dónde va la música brasileña.

No es de extrañar que insistiera en decir que lo que él hacía era... samba. Era samba, porque no dejaba de ser brasileño –como su nombre– cuando él se sentaba a grabar un disco con Frank Sinatra. Era samba cuando inventaba una altura aun más allá de la cumbre y a ras de suelo, con "Águas de Março". "*If I can make it there, I'll make it anywhere*". Él *made it in New York*, y entonces *anywhere* pasó a ser la selva de buitres, marsopas y pajaritos, porque la ciudad ya no le guardaba más secretos ni sentidos.

Maestro soberano, manantial de nuestro canto, gran maestro de la canción, chiquillo de la selva virgen... En un intento de encasillarlo en alguna definición (incluso estas, llenas de poesía), Tom reaccionaba volando con la ligereza y gracia de un pájaro de la Mata Atlántica, sacando uno de sus versos de bossa nova (después de todo, esto es muy natural): "*My life is such a mess, let's have a Brahma*".

Leonardo Lichote
Periodista y crítico cultural brasileño

UNA REVOLUCIÓN DELICADA

por Sergio Cohn

"Isto é muito natural" ["Esto es muy natural"]. Una mentira asumida que representa la clave para comprender la grandeza del trabajo de Tom Jobim. Autor de una revolución realizada con delicadeza, Jobim alteró profundamente la estructura de la música brasileña de una manera tan sofisticada que hoy es difícil, inlcuso para el más atento de los oyentes, comprender la dimensión de su gesto, como si la música brasileña fuese así, naturalmente, desde siempre. Aunque sea imposible, incluso para el oyente más desprevenido, negar la belleza de sus creaciones. Pero nada fue tan natural. La intervención de Tom y sus compañeros fue un acto consciente y valiente. Las embestidas posteriores no fueron pocas y, en cierto modo, lo acompañarían de por vida. Primero, en los acalorados debates que tuvieron lugar en el surgimiento de la *bossa nova*. Y luego, en torno al lugar "marginal exitoso" de su madurez, cuando su reconocimiento internacional pasó a ser objeto de reiterados ataques por parte de los medios de comunicación. Pues, como diría Jobim, en Brasil el éxito es una ofensa personal.

Cuando en 1958 puso música a los versos de su colaborador musical Newton Mendonça para crear "Desafinado" ("*Se você insiste em classificar / Meu comportamento de antimusical / Eu mesmo mentindo, devo argumentar / Que isto é bossa nova, que isto é muito natural*" – "Si tú insistes en clasificar / Mi comportamiento como antimusical / Yo, incluso mintiendo, debo argumentar / Que esto es *bossa nova*, que esto es muy natural"), Tom ya tenía más de 30 años y una trayectoria como arreglista y músico nocturno. Nacido en el barrio de Tijuca, en Río de Janeiro, el 25 de enero de 1927, pero criado desde pequeño en una Ipanema todavía escasamente poblada, Antônio Carlos Brasileiro de Almeida Jobim parecía predestinado a ser músico: su obstetra era el mismo que trajo al mundo a Noel Rosa, su apodo era Tom[1] y las primeras palabras expresadas a su madre, según consta, fueron "música bonita". Desde pequeño, Tom mostró interés por la música [2011]:

Tenía dos tíos que tocaban guitarra: uno tocaba popular y el otro clásica. Eso fue, naturalmente, una gran influencia: aquellas noches de cavaquinho, de choro, guitarra española, del tío que tocaba Bach en la guitarra... Todo eso, creo, despertó en mí un gran interés por la música. Cuando tenía unos diez años me regalaron una armónica; después, a los doce, conseguí una de esas que tenían llave y podía dar semitonos. A veces tocaba la guitarrita, unos acordes, pero era una cosa rudimentaria.

---

1. *Tom* es la palabra en portugués para "tono".

Hasta que un día llegó un piano alquilado a casa, un piano viejo para que mi hermana estudiara. El profesor era Koellreutter, quien luego se hizo famoso en Brasil. Había llegado aquí muy pobre y por aquí se quedó: empezó dando clases de piano. Mi hermana, después de irritarse con aquellas escalas, terminó abandonando las clases, y yo llegaba de la playa, me sentaba al piano y comenzaba a jugar con las teclas. Descubrí que aquello era un gran juguete, que tenía enormes posibilidades.

Figura inquieta, el alemán Hans-Joachin Koellreuter terminó ejerciendo gran influencia en la música brasileña. Siendo uno de los idealizadores del movimiento Música Viva, que buscaba una renovación en la música erudita brasileña a través del dodecafonismo, Koellreuter se convirtió posteriormente en coordinador de los seminarios de música en la entonces vanguardista Universidad de Bahía, donde también fue una figura central para la formación de otro Tom, Zé. Jobim cuenta: "Koellreuter me ayudó mucho, me enseñó lo básico y, más tarde, algo sobre composición y armonía. No era el profesor tonto de piano. Me abrió los ojos".

Además, fue con Koellreuter y su gran maestro Heitor Villa-Lobos que Tom descubrió que no había fronteras rígidas entre lo popular y lo erudito. El mismo Koellreuter, necesitando sustentarse económicamente y mostrando interés y apertura, llegó a estudiar con el saxofonista de choro Luiz Americano para tocar en un cabaré en el barrio carioca de Lapa. Tom, que siempre se autodenominó como "un mestizo entre lo popular y lo erudito, un

pequeño erudito", descubrió con ellos cómo buscar nuevas escalas y armonías para ritmos estratificados. Lo que lo llevó a mostrar un interés cada vez mayor por la cultura brasileña, o, más bien, por la invención de un Brasil (lo que quizás sea la utopía mayor de la *bossa nova*) [2011]:

> *Tienes que amar algo, algo que identifiques con tu alma, con el hecho de ser brasileño, con el hecho de nacer aquí en este pindorama*[2], *tierra de las palmeras encaramadas sobre el Atlántico. Lleno de peces, de animales, de indios, de todo. Si yo hubiera nacido, por ejemplo, en Europa o Estados Unidos, sin duda habría tenido una educación musical –suponiéndose que fuera músico– más refinada, más profunda o lo que sea. Pero no escribiría música brasileña, porque no sería brasileño. Escribiría valses, mazurcas, escribiría foxtrots, tal vez estaría escribiendo hasta* heavy metal.
>
> *Aquí tenemos que inventarnos a nosotros mismos, inventar el alma de este país. Villa-Lobos tiene una canción que se llama "Alma brasileira". Porque hubo que inventar Brasil, ¿entiendes? Brasil no existía. Aquí todo es importado, todo: el reloj, la grabadora. Y cuando no se importa, se copia del original, que viene del extranjero. Y el resto se importa. Se importa café,*

---

2. Vocablo en lengua tupí, y también en lengua guaraní, que significa "tierra buena para plantar". Puede referirse, entre otras cosas, a Brasil.

se importa caña de azúcar, se importa eucalipto, se importan coches, nosotros somos importados... Hasta los indígenas son importados, vinieron de la Polinesia, ¿no?

Tom era un estudiante de piano diligente, estudiaba hasta diez horas por día. Pero pronto descubrió que difícilmente seguiría una carrera como pianista clásico, debido al ancho de la apertura de su mano, que era demasiado pequeña, lo que dejaba su pulgar con poca movilidad. Llegó a ser estimulado para convertirse en compositor, pues demostraba talento, habiendo compuesto a los 18 años un vals clásico con influencias de Liszt y Chopin, y que posteriormente recibiría letra de Chico Buarque con el título de "Imagina". Pero en ese momento todavía no se proyectaba siguiendo una carrera musical [2011]:

Siempre consideré la música un pasatiempo. Cursé normalmente la secundaria, la técnica-científica, después fui a la Escuela de Arquitectura, y solo en el primer año abandoné la universidad y me dediqué a la música. Naturalmente, en esa época, todos estaban preocupados diciendo "te vas a morir de hambre", "viviendo de la música no alcanza ni para vestirse" y todo eso. En esa época los compositores morían tuberculosos.

Su primer trabajo como pianista fue en el Rádio Clube do Brasil, invitado por el director de la emisora, el maestro Alceu Bocchino. En ese momento Tom necesitaba ingresos para sustentar su matrimonio con Thereza Otero Hermanny, con quien se había casado en octubre de 1949. Por ello, aceptó trabajar en turno doble, tocando de noche en el Bar Michel, en Copacabana, y luego en otros *nightclubs* de la época [2011]:

> *Me casé muy joven y tuve que trabajar: dejé la universidad y tuve que vérmelas con el alquiler. Fui pianista de* boates*, a las que hoy llamamos* inferninhos[3]*. Toqué en todos y cada uno de los* inferninhos *de Copacabana –aunque es cierto que en esa época la vida nocturna era más intensa que hoy– y así pude sustentarme tocando piano.*

Era un trabajo duro y no solo le daba poco placer, sino que también le dejaba poco tiempo para estudiar, lo que lo frustraba. Thereza temía que él sucumbiera a la "muerte nocturna" de los "cubos de tinieblas", como llamaba a los lugares donde tocaba boleros y tangos para bohemios y parejas distraídas. Poco a poco, Tom se fue dando cuenta de que necesitaba volver a ser un "animal diurno", como solía decir. Dejó las actuaciones nocturnas y comenzó a trabajar como arreglista. La dedicación valió la pena y Tom logró cambiar de ambiente, tomando caminos más promisores en la música [2010]:

------

3. Literalmente, "infiernitos".

Siempre procuré estudiar, hasta que finalmente fui a trabajar a la Continental Discos en 1952. Escribía las canciones de compositores que no sabían escribir y ayudaba a hacer algunos arreglos para la orquesta. Conseguí, en cierto modo, pasar de la noche al día, lo que fue un gran salto en mi vida. Aquella vida nocturna era poco saludable. Luego, trabajando durante el día, yendo a la ciudad, empecé a conocer a los arreglistas: Radamés, Gaya, Leo Peracchi, Lyrio Panicalli, que me ayudaron mucho. Empecé a hacer unos arreglitos para artistas como Os Cariocas y Nora Ney.

Trabajaba en la calle Pedro Lessa. Llegué ahí por recomendación de Sávio Carvalho da Silveira. Hasta allá llevaba mi carpetita, con algunas partituras. Alguien cantaba una canción, tamborileaba la caja de fósforos y yo ponía la melodía en el papel. En aquel tiempo no había grabadora ni nada, era todo de oído. Mi parte, en ese trabajo era, literalmente, de montaje, con pentagrama, lápiz, goma de borrar y una lámina Gillette. Recuerdo a Monsueto llegando allí con ese samba "Mora na filosofia", y yo escribiéndole la música, rayando el pentagrama con todo cuidado. Ese samba fue todo un éxito.

Radamés Gnattali se convirtió en una figura central en la vida de Tom, quien llegó a considerarse su ahijado musical. El trabajo en la grabadora lo colocó en un lugar privilegiado para acompañar la trayectoria de la música brasileña en aquel entonces. Más allá de los arreglistas, Tom pudo convivir en ese ambiente con

Tom y Vinícius en
Brasília, 1959

grandes nombres de la música brasileña, como Pixinguinha, Dorival Caymmi, Assis Valente, Ary Barroso, Jacob do Bandolim y Antônio Maria. Un ambiente muy rico y diverso [2011]:

En la época que yo estudiaba la música que se desarrollaba en Río de Janeiro, y se notaba aquella afluencia de talentos: generalmente la gente de la bossa, del ritmo, venía del norte o noreste, de Bahía para arriba. Los más cultos venían del sur, generalmente de São Paulo, Paraná, Rio Grande do Sul. Por ejemplo, recordando esa época, los arreglistas eran: Radamés Gnattali, de Rio Grande do Sul; Alceu Bocchino, de Paraná; Lyrio Panicalli, de São Paulo; Gaya, de São Paulo; Leo Peracchi, de São Paulo. Se notaba claramente, por un lado, la riqueza del folclor, el ritmo nordestino y, por el otro, la cohesión –que se daba en Río, que en esa época era el centro artístico de Brasil– con la gente que tenía más capacidad en los ámbitos donde era necesario tener una cierta técnica musical.

Al año siguiente, Tom se fue a vivir con Thereza a su famoso apartamento de la calle Nascimento Silva, 107, en Ipanema, y por primera vez una composición suya fue lanzada en un disco: "Incerteza", compuesta junto con Newton Mendonça, su gran colaborador musical en la época [2011].

Newton fue mi primer colaborador musical: fue pianista y amigo de la infancia, de Ipanema, amigo del barrio. Vivía en una calle de más allá y siempre nos encontrábamos. Antes del piano, los dos tocábamos en una orquesta de armónicas que había en la plaza General Osório. El director del conjunto tenía un oído tremendo y copiaba lo que iba apareciendo en los discos, luego nos llamaba y le daba una voz a cada una de las armónicas. Cuando trabajamos juntos, Newton era más el letrista y yo el melodista. Pero también cambiamos. Él también componía bien, hacía letra y música. Y yo también, cuando no tengo colaboradores musicales, hago algunas letritas. En nuestro caso, se acordó –en realidad, nunca hablamos sobre esto– que yo me sentaba al piano y así él tomaba su famoso cuadernito y escribía las letras. Era un tipo muy lúcido, informado, leía mucho. Y enfadado con el mundo, con esa pureza y esa rabia sacra derivada de las injusticias.

Newton Mendonça, compositor y bohemio, con quien Tom compuso algunos clásicos del cancionero brasileño, como "Desafinado", "Foi a noite" y "Meditação", murió prematuramente de un infarto en 1960, a los 33 años.

El lanzamiento de "Incerteza" fue un hito importante para ambos y abrió el camino para otras canciones. Pero el éxito no llegaría hasta 1954, con "Tereza da praia", compuesta en colaboración con Billy Blanco. La música correspondía a un pedido hecho por Dick Farney, para ser cantada en colaboración con Lúcio Alves. Fue una estrategia de *marketing* exitosa: Farney y Alves compartían el éxito popular y además tenían un tono de voz similar, lo que

Tom en su casa de la calle Nascimento Silva, en Ipanema. Década de 1950.

hacía que el público los viera como adversarios. El dúo era una forma de deshacer el rumor. Y funcionó.

El buen resultado hizo que Blanco le propusiera otra colaboración a Tom, esta vez más ambiciosa. La propuesta era crear una sinfonía inspirada en la belleza natural de Río de Janeiro, para aprovechar las posibilidades del LP de diez pulgadas, que acababa de aparecer en el mercado. El proyecto nació de la nada: Blanco estaba en una van de transporte colectivo camino a su casa en Ipanema, admirando el paisaje, cuando unos versos comenzaron a surgir mientras pasaba por la costanera de la Bahía de Guanabara: *"Rio de Janeiro / Que eu sempre hei de amar / Rio de Janeiro / A montanha, o sol e o mar"* ["Río de Janeiro / Que siempre he de amar / Río de Janeiro / La montaña, el sol, el mar"]. Preocupado por no olvidar los versos, desembarcó y llamó a Tom desde un teléfono público, pidiéndole que él los anotara, y luego fue a encontrarlo personalmente para hablar sobre el proyecto.

Sinfonia de Rio de Janeiro: a montanha, o sol, o mar, una "sinfonía popular en tiempos de samba", como ellos la definirían, fue lanzada en 1954, con arreglos de Radamés Gnattali. La idea inicial de Radamés era que el propio Tom hiciera los arreglos, pero ante la negativa del compositor, acordaron que al menos él dirigiera la orquesta. Ni siquiera eso sucedió: nervioso, se sintió mal la noche anterior y no apareció en la grabación. Según Tom, "no tuve valor, sentí la presión, fui un amarillo. ¿Y para dónde más podía ir sino al bar Amarelinho[4] a tomar un chop? Que Radamés hiciera todo". La sinfonía no fue un éxito de público, pero tuvo una buena respuesta de la crítica, aumentando el prestigio de los compositores. En los años siguientes, Tom diversificó sus colaboraciones y nuevas composiciones comenzaron a ser grabadas, además de continuar su trabajo como arreglista. En 1956, recibió un premio de mejor arreglista para pequeños conjuntos. La persistencia en el trabajo de arreglista tenía una razón concreta: Tom necesitaba mantener a la familia y sabía que para ello era necesario un trabajo estable [2011].

Creo que a los veinticinco años grabé mi primera composición y luego le siguieron otras. Pero insistí en continuar trabajando con arreglos porque un compositor en Brasil nunca podría ganarse la vida solo con eso. Conocí a Ary Barroso, Dorival Caymmi, y ellos nunca consiguieron vivir de la composición, a pesar de que estoy citando a los dos compositores quizás más famosos de Brasil. Ary fue locutor deportivo, tenía un programa de buscatalentos, viajaba con su orquesta a México, Argentina e incluso Estados Unidos, donde trabajó con Disney. Eso para poder mantenerse y tener esa casa en Leme, en la cuesta que hoy se llama cuesta Ary Barroso. Dorival era cantante, siempre se presentó en shows.

---

4. Bar tradicional de la plaza Cinelândia, ubicada en el centro de Río de Janeiro. El bar funciona hasta el día de hoy.

Ese mismo año de 1956 tendría lugar el histórico encuentro de Tom con el poeta Vinicius de Moraes en el bar Villarino, punto de encuentro bohemio en el centro de Río. Quien los presentó fue el crítico musical Lúcio Rangel [2011]:

> *Fue Lúcio quien me presentó a Vinicius. De hecho, de una forma curiosa. Resulta que yo hablaba muy poco con Lúcio, porque él defendía, en relación con la música, una serie de puntos de vista distintos a los míos. Tenía miedo de que surgiera alguna controversia o discusión entre nosotros, así que evitaba hablar con él.*

Lúcio, a pesar de tener una posición más tradicionalista en relación con la música brasileña, había quedado encantado con la *Sinfonia de Rio de Janeiro* y por eso propuso el nombre de Tom para componer la música de una ópera que Vinicius había escrito, *Orfeu da Conceição*. Se trataba de la transposición del mito griego de Orfeo a la realidad de una favela. Vinicius había propuesto previamente el proyecto a Vadico, antiguo colaborador musical de Noel Rosa en canciones como "Feitiço da Vila" y "Feitiço de oração", pero este había declinado la invitación debido a que estaba convaleciente luego de un infarto.

Esa tarde, Tom estaba en el bar Villarino bebiendo una cerveza cuando lo llamaron para unirse a Lúcio, Vinicius y el compositor y locutor de radio Haroldo Barbosa, quienes conversaban en otra mesa. Tom y Vinicius ya se conocían de vista, sobre todo del legendario Clube da Chave[5], pero todavía no eran "hermanos de bar". Al escuchar la propuesta de poner música a la pieza, Tom fue práctico y les respondió: "¿Hay un poco de dinero en esta historia?". A lo que Lúcio replicó: "¿Cómo es que vienes a hablar de plata frente a semejante invitación, hecha nada menos que por el poeta y diplomático Vinicius de Moraes?". La respuesta avergonzó a Tom, quien le explicó que estaba necesitando dinero para pagar su alquiler. Pero aceptó la propuesta, iniciando la más famosa colaboración musical de la música brasileña y llevando su carrera musical a otro nivel [2011].

> Orfeu *fue un paso decisivo en mi carrera. Logré concretar una serie de tentativas que venía estudiando y, al escribir una pieza para una orquesta con amplios recursos, pude hacer lo que no era permitido en la orquestación de sambas comerciales. El éxito fue enorme, incluso la revista* Time *llegó a mencionar mi nombre.*

La naciente colaboración musical con Vinicius rápidamente comenzó a rendir grandes canciones, como "Se todos fossem iguais a você" y "Lamento do morro". El 25 de septiembre de 1956 *Orfeu da Conceição* se estrenó en el Teatro Municipal de Río de Janeiro. El equipo de la obra contaba con importantes nombres, como el arquitecto Oscar Niemeyer, que realizó los decorados,

---

5. Antiguo club nocturno del barrio de Copacabana.

João Gilberto y Tom Jobim
en Copacabana, década de 1960.

Carlos Scliar y Djanira en el diseño gráfico y José Medeiros en la fotografía. En el programa de la primera presentación, Jobim escribió [2003]:

De las tareas que me asignó mi buen poeta y amigo, Vinicius de Moraes, la más difícil fue sin duda decir algo sobre la música que compuse para Orfeu da Conceição. No pretendemos una explicación o justificación de la música, ya que sentimos que la esta no se puede explicar con palabras. Lo que podemos hacer es, en términos sencillos, contar el plan al que obedeció la partitura dentro del espíritu de equipo que nos animó a todos, en el sentido de armonizar los elementos que componen este espectáculo. Si bien la música se hizo con el espíritu de servir al teatro, recordemos que Orfeo era esencialmente un músico, y que en ciertos momentos su creación –como en el caso de los sambas– debe tener –aunque sirvan al texto– un sentido propio, ser "una cosa en sí misma". Fue con este espíritu que el poeta y yo hicimos los sambas que en la obra comentan determinadas situaciones.

En cuanto a los temas que destacan la acción, intentamos ser fieles a la idea que dio vida a la pieza en sí y que está contenida en su título: Orfeo –el músico griego– da Conceição –el músico carioca del morro[6]–.

---

6. Conceição es el nombre de un morro ubicado en la región central de Río de Janeiro.

Los modos griegos, las cadencias plagales, nuestra herencia europea y nuestro estilo brasileño fueron utilizadas libremente, utilizadas como en la propia música que tenemos, heredera de diversas culturas y sin ninguna pretensión de "pureza". El libre uso de las "armonías europeas", de "instrumentos europeos", que a su vez se originaron en otras culturas –e incluso la guitarra, que nuestro extraordinario Luiz Bonfá comenta en otra parte de este programa, y más aun, toca durante la puesta en escena–, todo esto proviene de nuestra creencia de que las culturas se compenetran y se fusionan. El hombre evoluciona y llegamos a una continuidad en toda cultura humana. Creemos que el mismo Orfeo que Vinicius situó en nuestro morro podría situarse en cualquier otro lugar.

El "Vals de Eurídice", que comenta todo el amor de Orfeo, fue compuesto en la guitarra por el propio Vinicius, que además de ser el poeta que todos conocen, es un hombre de una musicalidad especial. Este vals sirvió como punto de partida para "Overture". En este, que es un comentario musical de la pieza, mencionamos únicamente los principales temas, que surgen durante la acción, para evitar que se convierta en una conjunción de retazos.

Y después de esta breve explicación, ¿qué más podemos decir nosotros que, ante todo, no sabemos nada?

1956 también marca el inicio del gobierno de Juscelino Kubitschek, que representó un periodo de modernización del país a

Tom, Pixinguinha, João da Baiana y Chico Buarque, 1967.

través de importantes obras e incentivos a las industrias. Si bien, en retrospectiva, los años de Kubitschek pueden haber creado algunos escollos duraderos para Brasil, como la dependencia de la industria automotriz, es imposible negar que trajeron consigo un espíritu de apertura y renovación que también tuvo lugar en la cultura. Todo convergía. Oscar Niemeyer, antiguo compañero del Clube da Chave y escenógrafo de *Orfeu da Conceição*, concibió con Lúcio Costa el proyecto de Brasilia, la nueva capital del país.

En 1958, Tom y Vinicius fueron invitados por el pianista Bené Nunes para crear una obra con poemas sinfónicos en homenaje a Brasilia, la cual se interpretaría al día de la inauguración de la ciudad, el 21 de abril de 1961. Los compositores viajaron a la meseta central del país, donde se construiría la nueva capital. Allí se alojaron en Catetinho[7], una gran casa de madera que servía de residencia temporal al presidente. Ambos estaban impregnados del espíritu de la época [2011]:

Existía ese deseo de "seguir adelante". Brasil atravesaba una fase muy esperanzadora. Recuerdo que en aquella época se creía que íbamos a avanzar mucho en términos de desarrollo.

---

7. Primera residencia oficial del presidente Juscelino Kubitschek en el nuevo Distrito Federal durante la construcción de Brasilia. Fue proyectada por Oscar Niemeyer y su nombre hace alusión al palacio de Catete, antigua sede del poder ejecutivo en la que hasta ese momento era la capital del país, Río de Janeiro.

Cuando, por ejemplo, fuimos a hacer la Sinfonía de Brasilia[8], para inaugurar la nueva capital, todos pensaron que Brasil iba a superar una serie de problemas graves. Había una cosa de ir para adelante. Había mucha esperanza.

Brasília: Sinfonia da Alvorada es también la última incursión de Tom y Vinicius en la música erudita. Pero, incluso antes de que se llevara a cabo, el salto ya estaba siendo dado. Y nuevamente, las mesas del bar Villarino se convirtieron en el escenario de un evento central de la música brasileña. Fue allí donde se concretó la invitación a Elizeth Cardoso para grabar un disco, reuniendo la colaboración musical de Tom y Vinicius. La propuesta nació de Irineu García, quien había creado el sello Festa dos años antes, destinado principalmente a grabar LP de grandes poetas brasile-ños, como Carlos Drummond, Manuel Bandeira, João Cabral de Melo Neto, Cecília Meireles y Murilo Mendes. Inicialmente, la idea era que Dolores Duran fuera la intérprete. Pero ella pidió un caché demasiado alto para el presupuesto del pequeño sello discográfico y terminó siendo reemplazada por Elizeth. El disco se convertiría en un hito, por representar una renovación en la música brasileña, no solo por los arreglos, sino también por el innovador ritmo de la guitarra de João Gilberto en la grabación de la canción "Chega de saudade". El LP *Canção do amor demais* fue, como recuerda Tom, "un punto de fisión con el pasado", pues en él [2010]

---

8. El nombre oficial de la composición es *Brasília: Sinfonia da Alvorada*.

[...] aparece por primera vez el ritmo de bossa nova *en la guitarra que toca João, yo hice la instrumentación del LP y toqué el piano. Ese disco significó un hito, es el punto de fisión, la ruptura con el pasado. Por supuesto que no reniego del pasado, pero ahí empieza a aparecer otra forma de ver las cosas. ¿Recuerdas que la música brasileña –fuera de la música del morro, de la batucada, carnaval y manifestaciones callejeras auténticamente populares– era básicamente samba-canción, sambolero, una cosa ultrarevestida, tenía muchos violines, una orquesta enorme? Y la música brasileña, desde nuestro punto de vista, de João Gilberto, Vinicius y también desde el mío, sufría un exceso de acompañamiento. El cantante pedía que los arreglos fueran muy ricos, y comenzamos a llegar a la conclusión de que precisamente eso entorpecía e impedía el mensaje, impedía que el cantante transmitiera el mensaje, que era lo esencial.*

El sello Festa siempre trabajó con material considerado no comercial. Irineu García siempre fue un hombre vinculado al Ministerio de Educación y Cultura, que grabó textos de Drummond, Bandeira, Neruda y muchos más. Hacía discos como El Principito *(que yo musicalicé), grababa Villa-Lobos, Mignone. En definitiva, Festa era una pequeña compañía de discos, que trabajaba con una producción más artística. Y, naturalmente, eso me tentó: tener dentro del trabajo diario la posibilidad de hacer algo más ambicioso. Entonces surgió la idea de hacer ese álbum de canciones con Elizeth Cardoso.*

La excelente repercusión del LP permitió un desdoblamiento,
la posibilidad de finalmente grabar un disco de João Gilberto. En
1958, gracias al apoyo del productor musical Aloysio de Oliveira,
consiguieron grabar un disco sencillo con "Chega de saudade" y
una composición del propio João Gilberto, "Bim Bom". Luego,
lanzaron el LP *Chega de saudade*, considerado una de las mayores
obras maestras de la música brasileña [2017]:

el disco diciendo: "¿Esto es lo que Río nos manda?". Después de que el disco estalló en el mercado, me pidió disculpas. De hecho, en aquella época, el lenguaje de João era nuevo, pero el disco igualmente llegó a las listas de éxitos en São Paulo y Río.

Así, João obtuvo permiso para grabar un LP. Entonces hicimos el LP Chega de saudade: *hice los arreglos y la mayoría de las canciones —también había otras de Bôscoli, Lyra, Dorival— y también escribí la contraportada: "João Gilberto es un bahiano 'bossa nova' de Bahía…" y etcétera. Existe un gran revuelo en torno a los orígenes de la palabra "bossa nova". Ahí empezó esa cosa de llamar a este tipo de música* bossa nova, *que era un nombre más o menos corto.*

La *bossa nova* nunca se posicionó como un movimiento cerrado, con manifiesto y perspectivas definitivas. Al contrario, existió una espontaneidad en su desarrollo. Sin embargo, para cualquier observador atento es posible constatar que, más que una confluencia de intereses, efectivamente existía un pensamiento concreto en torno a lo que se estaba creando. Una demostración de esto es el texto de la contraportada del LP, firmado por Tom:

João Gilberto es un bahiano "bossa nova" de veintiséis años. En poquísimo tiempo, influyó en toda una generación de arreglistas, guitarristas, músicos y cantantes. Nuestra mayor preocupación en este long-playing *fue evitar entorpecer a Joãozinho con arreglos que le coartaran su libertad, su agilidad natural, su forma personal e intransferible de ser, en definitiva, su espontaneidad. En los arreglos contenidos en este* long-playing, *Joãozinho participó activamente: sus sugerencias, sus ideas están todas ahí. Cuando se acompaña a João Gilberto, él es la guitarra. Cuando la orquesta lo acompaña, la orquesta también es él. João Gilberto no subestima la sensibilidad de la gente.*

Cree que siempre hay lugar para algo nuevo, diferente y puro que –aunque a primera vista no lo parezca– puede llegar a ser, como dicen en lenguaje especializado, altamente comercial. Porque la gente comprende el amor, las notas, la sencillez y la sinceridad. Yo creo en João Gilberto porque es sencillo, sincero y extraordinariamente musical.

P.S.: Caymmi también piensa lo mismo.

| 38

"Chega de saudade" se convertiría en una de las canciones fundadoras de la *bossa nova*. La composición no fue fácil de realizar, como recuerda Vinicius [2008]:

Tom repitió la música unas diez veces. Tenía mucha gracia, con un tejido melancólico y quejumbroso, y mucho de "chorinho lento" en su espíritu. Terminé con la melodía repitiéndose en mi cabeza y vivía tarareándola en mi casa, esperando el momento exacto para la poesía. Eso sí, me parecía algo realmente nuevo, original, completamente diferente a todo lo que se había hecho antes, pero tan brasileño como cualquier choro de Pixinguinha o samba de Cartola. Un samba todo sinuoso, donde cada compás era una queja de amor, cada nota una nostalgia por alguien que está lejos.

Pero la letra no me venía. De vez en cuando, me sentaba a la mesa frente a la ventana que daba al Corcovado e intentaba hacer un borrador. Pero la cosa no salía. Creo que en toda mi vida como letrista nunca me dieron una zurra así. Hice diez, veinte tentativas. Hubo una ocasión en la que di por terminada la canción, excepto por dos versos finales en la primera parte que yo sabía cuáles eran, pero no había forma de encajarlos en la música, en una relación sílaba con sílaba. Ya me estaba irritando, pues Tom, aunque no me llamaba reclamándome ni nada, estaba esperando el resultado.

Una mañana, después de la playa, de repente la solución llegó. Estaba tan feliz que incluso grité de alegría, para susto de mis dos hijitas. Canté y recanté el samba prestando atención a cada detalle: al color de las palabras correspondientes a la música, a la acentuación de las tónicas, a los problemas respiratorios dentro de los versos, a todo. Quería, después de los sambas de Orfeu, presentarle a mi compañero una letra digna de su nueva canción, pues yo la sentía nueva, caminando en una dirección que no sabría darle nombre, pero cuyo nombre igualmente estaba implícito en la creación. Era realmente la bossa nova *lo que estaba naciendo, pidiendo apenas, en su interpretación, esa identidad que João Gilberto descubriría después. Le di el título "Chega de saudade", usando uno de los versos. Llamé a Tom y corrí a su apartamento. El maestro se sentó al piano y le canté el samba dos o tres veces sin que él dijera nada. Después lo vi tomar un papel, colocarlo sobre la caja del piano y cantarla él mismo. Inmediatamente después llamó a su esposa en un tono vibrante: "¡Thereza!".*

Como dice Vinicius, ya estaba casi todo allí, solo faltaba la división rítmica que João Gilberto le daría a la música. Algo tan sutil y, a la vez, tan gigante. Tom había escuchado el ritmo característico de la interpretación de João en la guitarra al encontrarlo en el departamento de un amigo. Ya se conocían de antes, de cuando João todavía era uno de los cantantes de Garotos da Lua[9], pero ahora Tom se sorprendía al escuchar ese nuevo ritmo. Le preguntó a João dónde había aprendido a tocar así, y João le respondió que lo había "sacado de los meneos de las lavanderas en Juazeiro", su tierra natal. A otros les diría que había aprendido aquel ritmo observando a João Donato tocar el piano.

Pero no era solo en la guitarra que João innovaba. Según Tom [2010],

> *El gran aporte rítmico de la* bossa nova *se dio cuando João cantaba; había un juego rítmico entre la guitarra, la voz y la batería. No era un ritmo estandarizado que se repetía siempre, como más tarde pasó: no era un cliché. A partir del momento en que se convierte en cliché, ya no interesa a nadie, porque*

---

9. Conjunto vocal originario de Recife, pero que en 1950 se traslada a Río de Janeiro, momento en el cual João Gilberto ingresa como integrante.

ahí ya no salimos más de eso. Y João estaba absolutamente alejado de aquello. Cada caso era un caso. Había una combinación rítmica de melodía y armonía, es decir, la armonía en un ritmo y la melodía en otro. Y a menudo era intervenida por la diferencia de semicorcheas. En "Bim Bom", por ejemplo, consigues ver la disociación entre el acompañamiento que João hace en la guitarra y lo que él canta, generando esta tercera cosa que yo considero importantísima.

João movió todo, los acompañamientos están en otros lugares, es una ruptura con lo tradicional y al mismo tiempo un amor por lo tradicional. Nunca pensé en explicar esto de una manera seria. Siempre trabajé con la mayor seriedad, pero nunca traté de poner estas cosas en palabras. João trató de mostrar la solidez de sus raíces, su propio origen, cuando grabó "Bolinha de papel", "Doralice", intentó mostrar qué era aquello.

Más allá del juego rítmico, existía una sencillez en las composiciones y arreglos, un antídoto ante el exceso de los samba-canciones de la época [2010]:

La armonía, de un modo general, se simplificó. Se simplificó y se enriqueció. Se sacaron muchas notas de los acordes: se eliminaron las quintas que ya sonaban en el armónico del bajo, etc., a causa de la precariedad de las grabaciones de nuestros estudios. Teníamos ganas de que se oyeran las voces que queríamos que fueran oídas. Esto nos obligó a una reducción de notas en los acordes. Fue el resultado de un largo estudio, con la combinación de un sonido orquestal, con un sonido de piano, con un sonido de voz, con un sonido de guitarra, en un intento de que apareciera lo que hasta entonces no aparecía. De nada servía aquella masa amorfa de cien violines. Entonces vino esa economía total: una flautita, cuatro violines tocando al unísono, la mayor parte del tiempo, en un intento de hacer llegar al oyente una idea.

Una serie de cosas de ese tipo fueron introducidas en la técnica de instrumentación, la que hasta entonces empleaba acordes llenos, completos (mientras más notas, mejor). Nosotros empezamos a vaciar los acordes, vaciar en el buen sentido, es decir, para que apareciera lo principal, el alma, la esencia. Los encadenamientos trajeron grandes novedades. También fueron años y años de investigación hasta que aquello se concretara como se concretó: evitar a toda costa ese encadenamiento estándar de la música popular que es altamente formal: A - B - A. Hubo esa ruptura con el encadenamiento cliché.

De este modo surgía la forma musical de la *bossa nova*. Pero respecto del nombre que la popularizó por el mundo hasta hoy existe divergencia sobre su origen. Incluso, hay una especie de "barullo", como diría Tom. El humorista Sérgio Porto, sobrino de Lúcio Rangel, solía reivindicar la paternidad adoptiva de la expresión, habiéndola escuchado de un lustrabotas que, al ver los mocasines en los pies de un cliente, exclamó: *"Bossa nova,*

¿eh, licenciado?". Por otro lado, Roberto Menescal, Ronaldo Bôscoli y Carlinhos Lyra siempre recuerdan que, cuando fueron invitados a tocar en una presentación de Sylvinha Telles en el Grupo Universitário Hebraico, en Río de Janeiro, había ahí un cartel que decía: "Sylvinha Telles y un grupo *bossa nova*". Tom tiene su propia interpretación [2011]:

> *La* bossa nova *fue tan importante que, si te fijas, estos teclados estadounidenses o japoneses, todos traen escrito "bossa nova" en esas teclas que marcan el ritmo. La etiqueta* bossa nova *es antigua. Noel Rosa tenía un samba que decía: "El samba, la prontitud y otras* bossas *son cosas nuestras". Y "nova" era una expresión utilizada en toda la publicidad, en todo* marketing. *Todo comercial tiene la palabra "nova", todo es nuevo. Siempre que yo hablaba de "bossa nova", en Estados Unidos, tenía que traducirlo a* new wave. *Ni siquiera nos preocupábamos en saber qué era la "bossa". Pensé que la "bossa" era esa cosa que el búfalo tiene encima, porque camina en una dirección y la "bossa" se balancea en la otra. La corcova, la giba, la chepa del buey cebú. Durante mucho tiempo pensé que se resumía a eso. Pero la "bossa" también es una joroba de modo general. De ahí el Bossu de Notre-Dame, el Jorobado de Notre-Dame.*
> *La medicina solía creer en las "bossas", protuberancias del cráneo. Esta palabra existe en inglés,* boss *significa "abultamiento". No es* bass, *que viene del holandés para referirse al jefe,* the boss. *Eso es de origen holandés, y de alguna manera*

también puede referirse al toro. Puedes llamar jefe a aquel que tiene ese bulto en la espalda. Pero la gente de la medicina dice que el cráneo tiene "bossas", que son concavidades donde se aloja la materia gris.

De ahí viene la expresión "fulano de tal tiene 'bossa' para la pintura", "tiene 'bossa' para la música", "tiene 'bossa' para el baile". "Bossa" se convirtió en un modo, una tendencia, el don, el talento, el flair. *Yo, en inglés, llamaría a la* bossa nova new flair. *Porque en las enciclopedias americanas "bossa" es intraducible.*

La *bossa nova*, incluso provocando un cierto rechazo por parte de los críticos musicales más tradicionalistas, pronto conquistó el gusto del público. Y con ese escenario favorable, la producción musical de Tom en los años siguientes es impresionante: "Desafinado", "Corcovado", "Samba de uma nota só", "Insensatez", "Só danço samba", "Samba do avião", entre otras composiciones primorosas que se convertirían en referencia de la cultura brasileña en todo el mundo. Al mismo tiempo, la inmensa repercusión de la *bossa nova* provocó una dilución de su ritmo y sus temas, lo que en cierta medida incomodaba a sus creadores [2017]:

La bossa nova, *de la forma en que se usó, experimentó un vaciamiento. No sé si el término es "vaciamiento", pero sucedió que todo empezó a ser* bossa nova: *diputado* bossa nova, *heladera* bossa nova, *zapatos* bossa nova. *Entró el lado del*

*consumo y, naturalmente, todos empezaron a componer bossa
nova, pero sin el talento de João Gilberto. Y, por supuesto, eso
fue estigmatizado, estandarizado. Este fenómeno ocurrió no
solo aquí, sino, sobre todo, en Europa y Estados Unidos, con
aquellas burdas imitaciones, con LP que tenían la palabra
bossa nova en la portada, pero que nada tenían que ver con el
estilo. El mismo João se resintió. Tampoco estábamos preparados para atender la máquina, ¿sabes? Nosotros solíamos ir a
una finca cerca de Teresópolis, trabajando con calma en cada
canción. Después, cuando la máquina empezó a funcionar, no
estábamos preparados para la sociedad del consumo, para la
civilización industrial.*

Cuando Tom habla del retiro y la paz de una finca en el proceso
de composición musical, está siendo literal, como lo demuestra el
hermoso texto que escribió sobre la realización del tercer álbum
de João Gilberto, *O amor, o sorriso e a flor*, lanzado en 1961:

*En enero, no aguanté más y me fui la sierra. Todo el mundo
sabe cómo fueron las lluvias de 1960. ¡Cómo llovió! Llegué a la
finca, me puse unos pantalones viejos y esperé que llegara esa
tranquila estupidez que nos da nueve horas de sueño sin sueños.*

*El mal tiempo y el barro obligaron a que todos estuviéra-
mos en casa. Era tan bueno cuando el día amanecía un poco
mejorcito y mi hijo y yo, todavía en pijama, íbamos a ver el
trabajo de las hormigas en los rosales del jardín. ¡Pero ni modo!*

Cuando el sol empezaba a calentar un poco, rápidamente venía la lluvia y corríamos para dentro de la casa.

Una noche, estaba a punto de apagar las luces de la finca cuando escuché el motor de un automóvil luchando por subir la rampa. Eran João Gilberto y su esposa.

Habíamos acordado que él iría, pero, debido al mal tiempo, ya no creíamos que Joãozinho fuese a ir, ¡y menos en taxi! Después él me contó que quedó atorado en el barro y tuvo esperar que un tractor jalara el auto. Venía exhausto y estuvo descansando un par de días. Entonces empezamos a trabajar.

Huíamos de la habitación donde jugaban los niños, que no salían de casa por la lluvia. Íbamos a una de las habitaciones vacías, con cielo raso de madera, que por cierto da buena acústica. Allí, lejos de la ciudad y del teléfono, trabajamos tranquilamente durante diez días. De vez en cuando, el trabajo era interrumpido por niños que irrumpían en la habitación trayendo un polluelo de tico-tico o semillero "caído" del nido. En esa época del año la enredadera está llena de esos nidos de pajaritos pequeños. A veces las patronas también entraban para ofrecer un café de aroma intenso, galletas y se quedaban allí un rato.

Cuando el tiempo mejoraba, el sol empezaba a calentar. Tomábamos baños de cascada y salíamos a deambular por los alrededores.

Luego, Joãozinho volvió a la ciudad. Unos días después, recibo un mensaje: el disco estaba atrasado y Aloysio había agendado la grabación. Yo también bajé de la sierra a la ciudad *y comenzó el ajetreo; estudio, copias, músicas. Pero al final todo se hizo en un ambiente de paz y pajaritos. A los niños les encantó "El pato".*

La relación de Tom con la naturaleza, que se remonta a la infancia, se vuelve cada vez más acentuada en su trayectoria. Jobim fue un precursor del pensamiento ecológico en Brasil, aunque, al menos al principio, no lo percibía. Él mismo cuenta [2011]:

Mira, cuando comencé con mis actitudes ecológicas, ni siquiera sabía que eran ecológicas. Primero ni siquiera conocía la palabra ecología, ecologista. No la conocía. Y después conocí la palabra en Nueva York, fue allí que la busqué en el diccionario. Eso fue en 1966, 1967, 1970. Un estadounidense me dijo: "Tú eres un ecologista". No entendí nada. ¿La ecología es la ciencia que estudia el eco? Pero el eco, ese eco del sonido cuando dices "¡Juan!", y la piedra responde "¡Juan!". Ese echo es con "c-h". Y el eco de la ecología, del griego, que significa medioambiente, significa casa, no tiene "h". Nosotros, por desgracia, aquí en portugués acortamos todo y echo pasó a ser "e-c-o". Entonces aquí no sabemos de qué estamos hablando, cuando dices "eco", no sabes si te refieres al sonido que vuelve, al eco suizo, o si te refieres al medioambiente.

Con el tiempo y la percepción no solo de la devastación ecológica que estaba ocurriendo en el mundo, y especialmente en

Vinicius, Tom, João y Os Cariocas en Au Bon Gourmet, 1962.

Brasil, sino también de su impacto en nuestra cultura, Tom se enfocaría cada vez más en el tema. Como él dice, fue una forma de encontrarse con los temas candentes de su tiempo [2011]:

Cada vez es más difícil mantener el contacto con el alma brasileña. Esto es algo que llegué a conversar con Vinicius. Porque estamos destruyendo toda la Mata Atlántica, estamos destruyendo la selva amazónica. Cuando leas el poema de Villa-Lobos no lo vas a entender, porque no tendrás a la Amazonia como referencia. Por ejemplo, lo veo en mi hijo de 15 años. ¿Conoce las características de algunos pajaritos? No las conoce. No conoce los animales, no conoce los árboles. Porque la gente que anda por ahí nunca ha visto este Brasil. Este Brasil no lo conocen. Sí conocen el Brasil pavimentado, con la luz roja, el guardia, la violencia, la ametralladora. Este sí que lo conocen. Ahora, no conocen la jacutinga[10], no saben cuándo el murici[11] florece en lo alto de la sierra, no saben cuándo la jacutinga va a comer el coco de la juçara[12]. No saben qué es una juçara, o si una juçara da coco o cualquier otra cosa. Mientras tanto, la gente, cuando alguien habla de ecología, comienzan a talar la

10. Ave que habita las selvas vírgenes de las regiones centro oeste y sudoeste de Brasil.
11. Árbol nativo del norte y nordeste de Brasil, de ramas frágiles y frutos anaranjados.
12. Especie de palmera característica de la Mata Atlántica de Brasil.

selva más rápido todavía, antes de que aparezca el inspector, o cualquier cosa que impida la destrucción. Puede ser que nuestra civilización sea muy avanzada. Pero echa mucho humo. Es una humareda subiendo... Y eso entra, por supuesto, en mi música. Porque todo arte está conectado con su tiempo. El arte de Debussy está vinculado a su tiempo, el arte de Charlie Parker... el arte de Gershwin... Por cierto, Gershwin dijo esto: "Lo que escribo es algo conectado con el ahora de Nueva York".

En cualquier caso, la vida diurna de Tom volvería a encontrarse con la noche. En julio de 1962, nuevamente por invitación de Aloysio de Oliveira, Tom volvió a tocar en un club nocturno, el Au Bon Gourmet del barrio de Copacabana. Aloysio había sido contactado por el empresario Flávio Ramos, que acababa de alquilar el lugar, para pensar en un espectáculo, y decidió invitar a Tom, Vinicius y João Gilberto para realizar una presentación conjunta. Os Cariocas, importante grupo vocal de aquella época, los acompañaría. El espectáculo, denominado *Encontro*, fue una renovación y otro importante hito para el impacto de la *bossa nova*. Entre las canciones presentadas por primera vez en el programa estaba "Garota de Ipanema", que se convertiría en la canción brasileña de mayor éxito a nivel internacional. En un artículo para la revista *Manchete*, Vinicius de Moraes contó sobre quién la inspiró [2008]:

Su nombre es Heloísa Eneida Menezes Paes Pinto, pero todos la llaman Helô. Hace tres años ella pasaba, allí en el cruce de la calle Montenegro con la Prudente de Moraes, camino a la playa, y a nosotros nos parecía impresionante. Desde nuestra mesa en el bar Veloso, tomando nuestra cervecita, Tom y yo enmudecimos ante su deslumbrante paso.

El aire se volvió más volátil, como para facilitarle el divino balanceo de su caminar. Y allá iba ella, toda linda, la garota de Ipanema, llevando en su trayecto la geometría espacial de su balanceo, casi samba, y cuya fórmula se le habría escapado al propio Einstein: haría falta un Antônio Carlos Jobim para pedirle al piano, en gran y religiosa intimidad, que revelara su secreto.

A ella le hicimos, con todo respeto y mudo encanto, el samba que la puso en los titulares del mundo entero e hizo de nuestra querida Ipanema una palabra mágica para los oyentes extranjeros. Ella fue y es para nosotros el paradigma de la juventud carioca, la chica dorada, una mezcla de flor y sirena, llena de luz y gracia, pero cuya visión es también triste, porque lleva consigo, en su camino hacia el mar, el sentimiento de la juventud pasajera, de la belleza que no es solo nuestra, que es un don de la vida en su bello y melancólico flujo y reflujo constante.

La canción no se compuso en un bar, al contrario de lo que dice la leyenda, y ni siquiera en una sola tarde: Tom compuso la melodía en su casa y Vinicius necesitó tres versiones para llegar a la letra definitiva, escrita en el frío de Petrópolis. Pero la fuerza expresiva de su letra romántica y de su sencilla melodía arrasaría en todo el mundo, sobre todo después de las grabaciones de Astrud Gilberto y Frank Sinatra.

La *bossa nova*, entonces, había comenzado su carrera internacional, aunque muchos de sus creadores aún no eran conscientes de ello. Aloysio de Oliveira, una vez más, desempeñó un papel fundamental para que esto sucediera. Con su experiencia en el extranjero, habiendo tocado con el Bando da Lua, el grupo que acompañó a Carmen Miranda en Estados Unidos, percibió el potencial de este nuevo estilo en el mercado extranjero. En 1960, convenció a Odeon para que lanzara en Estados Unidos una compilación de las grabaciones de João Gilberto, bajo el título *Brazil's Brilliant João Gilberto*. El resultado no podría haber sido mejor.

El pianista argentino Lalo Schifrin también desempeñó un papel fundamental en este proceso de internacionalización. En 1962, declaró: "Dizzy Gillespie, Stan Getz, Sonny Rollins, otros músicos y yo estamos trabajando para hacer de la *bossa nova* el lenguaje musical de nuestro tiempo. Su frescura y su impulso tan original nos han cautivado por completo". Y no solo ellos, temas como "Desafinado" ya formaban parte del repertorio de decenas de importantes músicos de *jazz*.

Entonces, era solo cosa de tiempo que surgiera la propuesta de un concierto de *bossa nova* en un escenario norteamericano. Y eso es lo que ocurrió, cuando el fotógrafo David Drew Zing, de paso por Brasil, vio el espectáculo en Au Bon Gourmet y decidió que valía la pena hacer algo equivalente en Nueva York. Como no tenía presupuesto para ello, se dirigió al consulado de Brasil y a Sidney

Frey, propietario de una compañía discográfica interesada en la música brasileña. Todo se acordó y la presentación tuvo lugar ni más ni menos que en el Carnegie Hall, el 21 de noviembre de 1962.

A Tom Jobim no le gustó mucho la idea. No le gustaban los viajes en avión y estaba preocupado por la crisis de los misiles soviéticos en Cuba. Prefería no ir. Pero Vinicius de Moraes y su amigo, el escritor Fernando Sabino, lo convencieron [2011]:

> *Me parece una lata viajar. La primera vez que salí de Brasil estaba a punto de cumplir 36 años. Salí empujado con un puntapié en el trasero, de Vinicius y Fernando Sabino. Fue para ir a ese desafortunado Carnegie Hall. Me decían: "Eres un tonto, tienes que ir". Fernando Sabino dijo que yo era "un brasileñito ignorante y subdesarrollado". Pero yo no quería: estaba en eso de "mi tierra tiene palmeras, este* pindorama *es lo más bonito del mundo, llevo un pijama de rayas en una silla de mimbre, y adiós porque ustedes están en una civilización vieja y anticuada". Pero insistieron y fui.*
>
> *Llegué el mismo día del show, tras hacer escala en Nicaragua y Puerto Rico. Llegué a las seis de la tarde y el concierto era a las nueve. Dejé mi equipaje en el hotel, me duché y me puse una ropa adecuada. Mi hotel era el Adam's, en la 86th, y el Carnegie está en la 57th. Llegué al teatro justo a tiempo. Canté "Samba de uma nota só" en inglés, ante un público de brasileños. No había exigencia de cantar en inglés, pero nosotros pensábamos que aquel era un país extranjero. Esa noche,*

muchas personas debutaron como cantantes: yo, Roberto Menescal y Carlinhos Lyra.

El espectáculo no tuvo ninguna importancia en la noche neoyorquina. Pero la bossa nova ya había explotado en las listas de éxitos y vendido millones en Estados Unidos. La importancia que se dio al espectáculo en Brasil fue desproporcionada con respecto a la realidad. Lo que realmente importaba para la difusión de nuestra música eran los miles de discos vendidos, lo que sonaba en las radios, lo que las cantantes presentaban en la televisión. A partir de 1962, la bossa nova explotó, mientras que en otras latitudes los Beatles se apoderaban del mercado.

*Estábamos todos allí en el mismo barco, aterrorizados, recién bajados del avión, un grupo de brasileños viviendo una aventura. Después, todos volvieron a Brasil, pero yo pensé que debía quedarme un poco más. Era la primera vez que viajaba al extranjero. Eso fue en noviembre de 1962. Un mes después empezó a nevar en Nueva York. João Gilberto, **Sérgio Ricardo** y yo nos quedamos allí, quejándonos de que estábamos demasiado solos. En enero, Astrud se subió a un avión con Thereza y fueron a nuestro encuentro. Se bajaron en el aeropuerto con esos jerséis brasileños, esos visones que nada saben de frío de verdad. Bajaron del avión muy bonitas, y hasta hoy recuerdo esa imagen: sus piernas, sus zapatos desprotegidos.*

Durante su estancia en Nueva York, Tom participó en dos discos: *Getz/Gilberto - Featuring Antônio Carlos Jobim*, el encuentro de

João Gilberto con el saxofonista Stan Getz, que incluyó la famosa versión, con voz de Astrud Gilberto, de "Garota de Ipanema", y su estreno en LP solo, *The Composer of Desafinado Plays*, editado por el prestigioso sello Verve. Incómodo con la idea de hacer arreglos para músicos que no conocía, Tom pidió un arreglista local. El elegido fue Claus Ogerman y, aunque al principio Tom se asustó con el estilo "prusiano" de sus arreglos, funcionó. Los dos se convertirían en grandes colaboradores musicales y el disco fue un éxito. La revista *Down Beat*, la más prestigiosa publicación de *jazz*, escribió: "Si el movimiento de la *bossa nova* hubiera producido solo este disco, ya estaría plenamente justificado".

El sueño original de Tom era que el arreglista fuera Nelson Riddle, que trabajaba con Frank Sinatra, pero no creía que esto pudiera ser una posibilidad. En cualquier caso, el encuentro se produciría unos años después, en 1964, cuando realizaron juntos *The Wonderful World of Antônio Carlos Jobim*. Desgraciadamente, el resultado no fue del completo agrado del compositor: Riddle tenía entonces problemas familiares y no pudo dedicarse plenamente a los arreglos. Pero no eran apenas los desafíos de realizar los arreglos lo que incomodaba a Tom, las versiones en inglés de las letras eran un problema constante [2011]:

> *La música instrumental, fuera de nuestro país, tiene una gran ventaja. No necesita traducción de las letras, ni versiones, que suelen ser trabajos de tercera categoría. Las versiones son una cosa horrible. A menos que sea algo bien hecho, lo cual es*

raro. Tradutore, traditore, es decir, traductor, traidor. Siempre traicionan lo que traducen, al final cuentan otra historia. Y cuando la estructura queda buena, se pierde el sentido. Y cuando el sentido queda bueno, la estructura no. Acaba siendo un ajedrez... Así que es mucho mejor cuando se puede escuchar la obra tal y como se hizo. Como la música estadounidense, como lo que canta Sinatra, lo que cantan los Beatles en inglés. Ahora, ¿te imaginas traducir todo eso al portugués? Es una tarea ingrata.

Mi inglés lo aprendí en el colegio, de las películas de vaqueros, y la gente de allí quería poner letras increíbles a mis canciones, hablando de café, plátanos y cocos. Una vez llegué a llorar. Así que empecé a luchar por preservar lo que era mío, brasileño, original. La discusión que tuve con Norman Gimbel, que hizo la versión de "Garota de Ipanema", en un taxi, en un yellowcab neoyorquino, ya que mi inglés era precario, fue inolvidable. En un momento dado, el conductor detuvo el coche y se dirigió a mí: "Tu amigo tiene razón y tú estás completamente equivocado". Era un complot, la opinión pública estaba contra mí. A los estadounidenses les parecía ridícula la palabra "Ipanema", o pensaban que solo causaría confusión. Acabé ganando y se convirtió en la música brasileña más tocada en el extranjero.

Tom comenzó a viajar con frecuencia entre Río y Nueva York. En Brasil, grabó para Elenco, el sello discográfico creado por Aloysio de Oliveira, un disco en colaboración con su amigo Dorival Caymmi. Pero su carrera internacional estaba ganando aun más impulso, lo que aumentó las críticas, siempre presentes, de que la *bossa nova* se estaba "norteamericanizando". Tom respondía a esto siempre que podía [2011]:

> *Mucha gente dice que la* bossa nova *fue un fenómeno americanizado. Me parece que esto es totalmente falso. Al contrario, lo que influyó en la música estadounidense fue la* bossa nova. *He recibido cartas y telegramas de varios compositores distinguidos, como Johnny Mercer, diciendo que la* bossa nova *ha sido la mayor influencia en la música estadounidense de los últimos treinta años. La música norteamericana siempre ha sido influenciada, porque la actitud de los desarrollados es la de "vengan a nosotros". La nuestra, que hasta hoy hemos sido subdesarrollados, es la actitud del purista: nos preocupa mucho lo nuestro, lo auténtico. Mientras que la sociedad, digamos adquisitiva, se preocupa por adquirirlo todo. No importa si viene de Hawái, Cuba o Brasil, no interesa. Nuestra sociedad, de modo general, es la de "déjalo pasar, olvida eso". Por tanto, creo que en Brasil se han escrito muchas tonterías sobre la* bossa nova. *La* bossa nova *fue una influencia que sigue vigente en la música del mundo.*

Y concluía:

Creo que es algo formidable que de lejos, a la distancia, puedas contemplar tu vereda y tu patio. Guimarães Rosa, Vinicius de Moraes, João Cabral de Melo Neto y tantos otros escribieron mucho cuando estaban en otros países y no se volvieron menos brasileños. Jorge Amado, con quien me encontré en Nueva York, lanzando su libro Tocaia Grande, *viajó luego a París, donde consiguió un apartamento para escribir. ¿Y no es maravilloso que haya llevado así Bahía a París? Cuando se trata de raíces, Jorge Amado ya ha comido toda la mandioca que podía. Como decía Carlos Drummond de Andrade: "Disculpen, señores, pero debido a lo avanzado de la hora me siento anterior a fronteras". Los pajaritos siempre volaron y nunca usaron pasaporte ni billete.*

En 1966, Tom se había convertido en un gran nombre de la música. Y las conversaciones con los representantes de Frank Sinatra llevaban algún tiempo avanzando en la idea de un disco colaborativo. Todo se concretó de una manera insólita: una llamada telefónica de Sinatra al bar Veloso de Ipanema. Consiguió el número de teléfono de lo que podría llamarse la segunda casa de Tom a través de Thereza, quien poco antes lo había atendido en el teléfono de su departamento. El dueño del bar interrumpió a Tom en medio de su chop para advertirle sobre el gringo que lo llamaba. Pero, incluso con toda la sorpresa, Tom inmediatamente se dio cuenta de que era un asunto serio [2011]:

No pensé que pudiera ser un bulo porque nadie haría una broma así, llamándome desde Estados Unidos. Mis oídos estaban familiarizados con las voces de las llamadas internacionales tal y como se hacían en aquella época. Sinatra siguió hablando, después de identificarse con sencillez. "Quiero hacer un disco contigo y quiero saber si te parece interesante". Añadió que pagaría todos los gastos y que me hospedaría en su casa. Más tarde supe que este tipo de invitaciones, de interés profesional, las hace siempre personalmente. Toma el teléfono y va directamente al grano. En mi precario inglés, recuerdo haber respondido: "Perfectamente, es una orden". Sinatra preguntó: "¿Me acompañas con tu guitarra? Le contesté que no era guitarrista, pero que aceptaba. El hecho es que me siento más cómodo en el piano. Más tarde, esa llamada telefónica se convirtió en leyenda.

Tom consiguió que Sinatra aceptara a Claus Ogerman como arreglista, lo que demuestra el respeto que Sinatra sentía por el compositor brasileño. Y también cómo, tras las diferencias en su primer trabajo juntos, Tom comprendió la importante contribución de Ogerman a su primer LP solo, encontrando los timbres adecuados para las canciones. Tom se hospedó en la mansión de Sinatra para la concepción del LP [2011]:

Nos hicimos amigos. En su casa conversábamos y casi no ensayábamos. Por eso el segundo disco que hicimos juntos no salió tan bien. Era una casona grande en Palm Springs, con aquellos bungalows *alrededor. Esa ingeniosa disposición daba libertad a los huéspedes y reunía a todos en un mismo lugar, como sucedía en el almuerzo y la cena. Sammy Davis Jr. y su esposa estuvieron allí todo el tiempo. En los* bungalows, *había café, una nevera, televisión y agua mineral.*

El disco en colaboración con Sinatra consolidó el prestigio internacional de Tom. Fue elegido el álbum del año por la crítica estadounidense y llegó a ser el segundo en ventas tras el LP *Sgt. Pepper's Lonely Heart Club Band*, de los Beatles. Pero su grabación demoró. Tom se fue a Los Ángeles en agosto de 1966, y no entrarían en el estudio hasta meses después. Mientras esperaba, Tom aprovechó para grabar el LP *Wave*, que tenía un aire más jazzístico, de improvisación. Para este contó con una banda exquisita formada por el bajo de Ron Carter y la batería de Dom Um Romão, antiguo compañero de estudio de Tom (habían tocado juntos diez años antes, en *Canção do amor demais*). Los arreglos fueron de nuevo de Claus Ogerman. La canción que dio título al álbum iba a ser una colaboración con Chico Buarque, pero este, cohibido, apenas escribió las tres primeras palabras: "Vou te contar". Así que Tom propuso que el joven **Ronaldo Bastos**, que más tarde se convertiría en colaborador musical del Clube da Esquina de Milton Nascimento, escribiera la letra. Pero Bastos, cuando la entregó, descubrió que Tom ya había escrito su propia versión, que acabó siendo la definitiva.

Hasta entonces, incluso con todos los tropiezos, todo parecía ir bien en la carrera de Tom. Pero en 1968, un nuevo triunfo acabó teniendo un sabor amargo: fue abucheado en el escenario cuando ganó el Festival Internacional de la Canción (FIC)[13] con "Sabiá", una colaboración con Chico Buarque. El clima en Brasil había cambiado mucho en los últimos años con el golpe cívico-militar de 1964. Se estaba viviendo un clima de tensión: por un lado, estaban las canciones de protesta, como "Para não dizer que não falei de flores", de Geraldo Vandré, y, por otro, estaba la Tropicalia, un movimiento que dio un paso más allá en la "línea evolutiva" de la música brasileña, incorporando la guitarra eléctrica y diversos elementos contraculturales, con Caetano Veloso, Gilberto Gil, Tom Zé y Os Mutantes. Tom se vio accidentalmente en medio de todo eso [2011]:

Augusto Mazargão, creador del festival, me llamó por teléfono a casa y me pidió una canción. Le dije: "No tengo nada nuevo, no estoy componiendo, estoy tranquilo aquí en mi rinconcito". Ahí él dijo: "Entonces vas a ser jurado para dar prestigio al festival". Le dije: "Jurado no voy a ser. No voy a juzgar a mis

---

13. Festival musical anual, con competencia nacional e internacional, realizado en Brasil entre 1966 y 1972. Fue patrocinado y transmitido, en su primera versión, por la TV Rio, y posteriormente por la TV Globo desde el recinto deportivo Maracanãzinho.

colegas". El que sale segundo se enfada, el tercero se enfada aun más, el cuarto te mete una bala y el último te suelta una bomba atómica. Así que, para no ser jurado, tomé una canción que no es de festival, una canción bastante complicada, llena de modulaciones, nada popular, y la puse allí para librarme del embrollo.

Estaba seguro de que no pasaría a la fase nacional y pasé, a pesar de que mis amigos votaron en mi contra y mis enemigos a mi favor. Cuando sentí la presión del festival, le pedí ayuda a Chico Buarque. Él estaba en Roma, pobrecito, y vino igual. Bebió allá, bebió en el avión, luego bebimos en el Maracanãzinho. Y aquella pasarela del Maracanãzinho es muy empinada, no habíamos usado zapatos de charol antes, eran de los que se resbalan realmente. Así que nos tomamos de la mano y tratamos de bajar con cuidado. Bueno, es difícil interpretar los abucheos o los aplausos...

Los abucheos eran parte del ambiente de los festivales de música de la época. Provocaron escenas antológicas, como la de Sérgio Ricardo rompiendo su guitarra al no poder tocar su "Beto bom de bola", en el festival de 1967, o el discurso inflamado de Caetano Veloso ante a los abucheos que despertó su "É proibido proibir", en ese mismo año de 1968. Pero, incluso con todas las polémicas que instalaban los puristas con en el surgimiento de la *bossa nova*, todo ello era una novedad para Tom. Era consciente de que el blanco principal de los abucheos no era él, sino el ju-

Tom Jobim, década de 1970.

rado, que no había concedido el premio a Vandré, el favorito del público. En cualquier caso, aquella noche del 29 de septiembre sería recordada como una conmoción en el panorama de la música popular brasileña.

Si esta avanzaba en una nueva dirección después del impacto de la *bossa nova*, Tom también se llevaría un sinsabor en el campo de la música erudita. Por esa misma época, se propuso que el Teatro Municipal de Río de Janeiro presentara un concierto sinfónico con algunas de las piezas de Tom, con arreglos de Lindolfo Gaya y dirigido por el prestigioso maestro Isaac Karabtchevsky. Pero la reacción de algunos sectores de la prensa y de nombres relacionados con la música erudita, encabezados por el compositor Francisco Mignone, contra la idea de un concierto de música popular en un escenario que se consideraba un templo de la música clásica, llevó a la cancelación del espectáculo. Tom, en ese momento, estaba en Los Ángeles grabando con Sinatra y probablemente no pensó mucho en ello. Pero su compañero musical, Vinicius de Moraes, se puso furioso. Dio una declaración a la prensa breve y categórica: "No me tomaré la molestia de responder al Sr. Mignone, porque no converso con gente burra". Tom se estaba dando cuenta de algo que lo resentiría por el resto de su vida: que, aun con toda su contribución realizada a la cultura brasileña, habiéndola colocado en un nivel nivel internacional, su reconocimiento sería mayor en el extranjero que en su propio país. En una de sus últimas entrevistas, realizada poco antes de su muerte con el periodista y productor musical Walter Silva, Tom tomó, en un momento dado, un pesado compendio de 40 años de artículos de periódicos y revistas sobre él, y declaró [2011]:

> *Cuarenta años de Tom Jobim en la prensa brasileña. ¿Te puedes imaginar lo que es cargar esto por ahí, no? Va de 1952 a 1992. Y el contenido es todo negativo. Dicen que Tom Jobim no es brasileño. Dicen que Tom Jobim plagió no sé a quién. Es una colección de mentiras que invierte este Brasil riquísimo. Siempre lo ponen todo patas arriba.*

En cualquier caso, por esos años la carrera musical de Tom iba viento en popa en el extranjero, y en 1970 lanzó otros dos discos grabados en Estados Unidos: *Tide* y *Stone Flower*. En su tierra natal, sin embargo, la situación se ponía cada vez más tensa. En diciembre de 1968, se aprobó el AI-5, que recrudeció la represión política que Brasil estaba viviendo. El país sucumbió a la censura, la tortura y el asesinato de opositores al régimen cívico-militar. Y Tom no estaría exento de sus consecuencias.

En 1971, la TV Globo decide celebrar un nuevo Festival Internacional de la Canción. Temiendo el vaciamiento del evento, invita a los grandes nombres de la música popular a participar, sin tener que presentarse en la fase eliminatoria. Pero los artistas, encabezados por Guthemberg Guarabyra, deciden retirar sus inscripciones, en una carta abierta publicada en el tabloide *O Pasquim* [1971]:

En apoyo a la carta, otros compositores seleccionados en las fases clasificatorias también retiraron sus canciones, vaciando así el festival. La respuesta policial fue inmediata: los doce firmantes

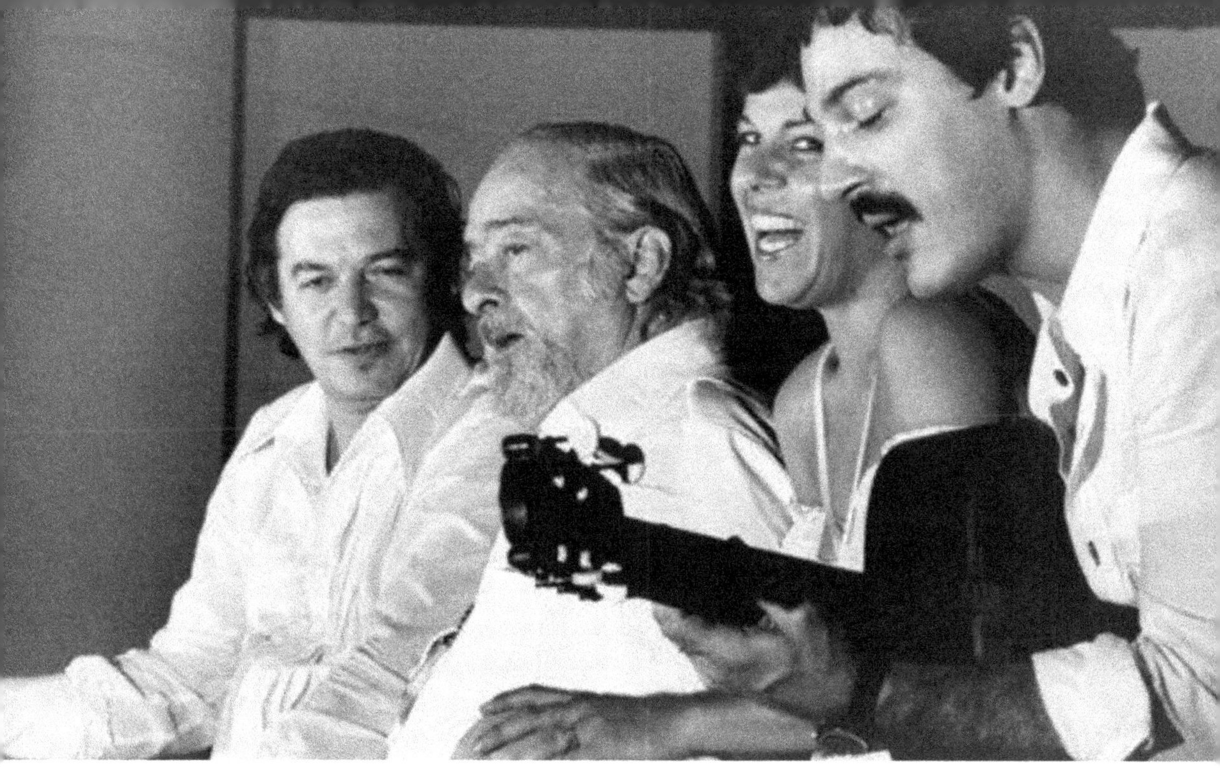

Tom, Vinicius, Miúcha y Toquinho, 1978.

fueron detenidos para presentar explicaciones al DOPS[14], en la plaza Marechal Câmara, en el centro de Río. Irónicamente, en el piso de abajo de donde estaba detenido Tom, se encontraba la Sala Antônio Carlos Jobim, que había sido inaugurada en 1968 por el Museo de la Imagen y el Sonido. Aunque no tuvo mayores consecuencias prácticas, la detención de nombres tan importantes de la escena musical brasileña demostró que el ambiente realmente se estaba poniendo pesado.

Pero Tom sabía encontrar bellezas incluso en las circunstancias más duras. En 1972, en medio de toda la agitación política, se retiró a la finca de su familia en Poço Fundo, en la región serrana de Río de Janeiro, donde le gustaba ir para "oír y conversar con los pájaros". Tenía dos objetivos: terminar la canción "Matita Perê", una *suite* campestre que después recibiría letra de Paulo César Pinheiro y que se estaba mostrando más difícil de componer que otras canciones; y avanzar en la construcción de la casa que sería su refugio en las décadas siguientes. Un día, exhausto de intentar resolver la composición, tuvo una inspiración [2010]:

La música salió literalmente del medio del monte, estaba con Thereza en la finca, mirando una agüita que corría por un

---

14. Departamento de Orden Político y Social. Fundado en 1924, fue un organismo gubernamental brasileño utilizado principalmente durante el Estado Novo, y posteriormente durante la dictadura militar, para asegurar el orden y la disciplina que convenia a los militares. Se extinguió en 1983.

arroyo, y la cosa empezó a surgir. Es increíble, pero Thereza andaba con lápiz y papel. Le fui diciendo "é pau, é pedra, é o fim do caminho" ["es un palo, es una piedra, es el final del camino"]... Y la letra salió casi entera, cristalina. Lo poco que faltaba lo completé durante la tarde, en la casa.

Así, escrita en un papel de envoltorio improvisado que su esposa tenía a mano, nació "Águas de Março", uno de los mayores clásicos del cancionero brasileño, y que Chico Buarque llamaría "el samba más bonito del mundo". Según el compositor y crítico musical Arthur Netrovski [2004],

un facsímil de papel de envolver puede ser consultado en el Cancionero Jobim. Es impresionante ver cuánto del poema vino listo. Sabiendo las circunstancias en que fue escrito, no es de extrañar el número de referencias puntuales: el proyecto de la casa, la viga, el vano de la puerta, la leña, el ladrillo llegando, para no hablar del cuerpo en la cama y la "promesa de vida en tu corazón". Luego estas se transformaron en un trampolín para otras aguas: al tiempo que recrean, por ejemplo, a la mujer amorosamente presente como interlocutora, también hacen de cada uno de nosotros alguien digno de esa promesa. "Tu" corazón es también el nuestro.

Muchos otros elementos, de carácter general, pueden referirse a la escena de la finca. Naturaleza es el concepto correcto:

Tom Jobim y Elis Regina, 1974.

palo, piedra, resto de troncos, peroba-do-campo[15]*, nudo de madera,* caingá *y* candeia *(arbustos), y también* matita pereira[16]*, citando apenas la primera estrofa.*

"Águas de Março" se inscribe en un repertorio de canciones ecológicas que Tom comienza a escribir en esta época y que incluye maravillas como "Chovendo na roseira", "Boto" –otra suite*, esta vez marina–, "Correnteza" y "Passarim", además de composiciones instrumentales con títulos como "Rancho das nuvens" y "Nuvens douradas". La inspiración súbita y certera del compositor sirve también como ejemplo del viejo lema: nada viene de la nada. Y esto vale para todos. Tom Jobim no se escapa. Dos fuentes son razonablemente conocidas. La primera es el poema "O caçador de esmeraldas", del maestro parnasiano Olavo Bilac:* "Foi em março, ao findar da chuva, quase à entrada / do outono, quando a terra em sede requeimada / bebera longamente as águas da estação" *["Fue en marzo, al terminar las lluvias, casi al inicio / del otoño, cuando la tierra con una sed intensificada / bebiera largamente las aguas de la estación"]. Y la otra es un ponto-de-macumba[17], grabado con éxito por J. B. de Carvalho, del Conjunto Tupi:* "É pau,

---

15. Árbol originario de la región de la Mata Atlántica de Brasil.

16. Personaje mitológico del folclore de la región norte de Brasil. Se trata de una vieja bruja que, presentándose por la noche, representa mal augurio.

17. También conocido como *ponto-de-umabanda*, es un cántico sagrado de la umbanda –religión afrobrasileña– que tiene diversas funciones, como, por ejemplo, rendir homenaje a una entidad.

é pedra, é seixo miúdo, roda a baiana por cima de tudo" ["Es un palo, es una piedra, es una piedrecilla pequeña, roda bahiana por sobre todo"]. *Combinar Olavo Bilac y macumba ya es interesante; pero lo que vemos en "Águas de Março" va mucho más allá: todo se transforma en otro tipo de poesía y en otro tipo de música, que nos reconfigura el mundo.*

"Águas de Março" fue lanzada en la colección Discos de Bolsillo, del periódico *Pasquim*. El proyecto, coordinado por Sérgio Ricardo, consistía en reunir en cada número a un autor veterano y a uno novato. En el caso de Tom, sus colaboradores musicales en el disco fueron João Bosco y Aldir Blanc, con *Agnus Sei*. La canción también serviría de apertura para su siguiente LP, *Matita Perê*, publicado en 1973. El disco traía solo ocho canciones, entre ellas cuatro temas que había compuesto para la banda sonora de la película *A casa assassinada*, la adaptación de Paulo César Saraceni del libro de Lúcio Cardoso.

Tom siempre buscó colaboradores musicales para sus composiciones, pero con el tiempo escribía cada vez más sus propias líricas. Lector asiduo, también demostraba ser un excelente escritor. Pero lidiar con las palabras no fue tarea fácil para el maestro [2011]:

El lenguaje musical es suficiente. Las letras son otra cosa. Aparte. La lucha que yo tengo es buscar la palabra más clara, una imagen transparente. Cosas concretas. No soporto las acrobacias con las palabras. Nada de hermetismo. Nada de disfraces. Porque darle nombre a las cosas, de por sí, ya dificulta la comprensión. El modo como yo llamo a María es María y creo que conozco a María. Pero realmente no la conozco. Por eso, a causa de este peligro, esta dificultad, cuando se trata de jugar con las palabras tenemos que ser absolutamente claros. Mira, notas musicales, siete. Letras del alfabeto brasileño, 23. Esto lo dificulta todo, ¿no es así? Las palabras no dicen las cosas. Hay que tener cuidado con ellas.

En 1974, Tom lanza un disco en colaboración con Elis Regina. Según él [2011]:

La idea fue de Roberto de Oliveira, que un día llamó a mi casa en Los Ángeles avisándome que Elis, Aloysio de Oliveira y el quinteto de César Camargo Mariano iban a venir a Estados Unidos para grabar un disco con canciones mías. Lo primero que se me ocurrió fue tener el poder de paralizar el avión en el aire y mandarlos a todos de vuelta. Pero a esas alturas no había otro remedio que ir a esperarlos al aeropuerto. No es que sea antisocial. Es que siempre he funcionado, profesionalmente hablando, con una manía de perfección. Que Aloysio llegara así, de repente, con Elis en la maleta, me asustó un poco. No fue fácil. Pero resultó bien. Descubrí una afinidad musical entre Elis y yo. Incluso ella conoce mi repertorio mejor que yo. Durante la grabación, Elis recordaba arreglos que yo había olvidado, fue una cosa increíble.

El disco *Elis & Tom* tenía en su repertorio algunas de las composiciones más conocidas de Tom –como "Águas de Março", "Corcovado" y "Chovendo na roseira"– y resultó ser un gran éxito. Elis consiguió imprimir una frescura a las composiciones con una interpretación espectacular. Pero lo que más animaba al compositor era la posibilidad de producir sus propios discos, algo que ya había hecho en *Matita Perê* y que se repitió en el nuevo LP, *Urubu*[18], lanzado en 1976. Ser su propio productor le permitía centrarse más en el aspecto musical que en el comercial, gozando de libertad total para elegir el repertorio, los músicos y los arreglos.

A Tom le fascinaban los buitres y decidió rendirle un homenaje a esta ave con el título del disco, aunque solo aparece brevemente en la primera pista sonora del disco: *"Camiranga urubu urubu mestre do vento / Urubu caçador mestre do ar"* ["Buitre de cabeza roja buitre buitre señor del viento / Buitre cazador señor del aire"]. Según Tom [2011]:

> *Todo el mundo dice que el buitre trae mala suerte, pero somos nosotros mismos los que traemos la mala suerte. Nosotros somos los que destruimos la humanidad, inventamos la bomba atómica y luego le echamos la culpa al buitre. Justo al buitre que solo limpia, que es un recolector de basura. Es un animal que incluso está protegido por la ley.*

---

18. *Urubu* es la palabra en portugués para "buitre".

João Gilberto y Tom Jobim en su concierto de reencuentro, 1992.

Con composiciones como "Boto", "Ligia", "Correnteza" y "Ângela", *Urubu* es un disco ambicioso, marcado por la sofisticación de los arreglos. Los norteamericanos que participaron en la grabación quedaron tan impresionados que, al final de la grabación de "Saudade do Brasil", los músicos de la Orquesta Sinfónica de Nueva York aplaudieron de pie al compositor, en una ovación poco común.

El final de la década de 1970 estaría marcado por proyectos más fraternos, con colaboradores musicales como Miúcha, Vinicius y Toquinho.

Con la primera, grabó un disco que resultó ligero y alegre. Al productor Aloysio de Oliveira le gustó lo que escuchó y pensó en un espectáculo en torno al disco y al hecho de que el compositor cumplía 50 años. Desde el concierto en el Au Bon Gourmet en 1962, Tom no había actuado en vivo para el público brasileño. Para convencerlo de que participara, Aloysio llamó a varios amigos para que se hicieran presentes en el escenario, con Miúcha, Toquinho y Vinicius al frente. "¡Va a ser una fiesta!", coincidió Tom. El lugar elegido fue el Canecão y el espectáculo rindió no apenas un disco en vivo, sino que también una gira de gran éxito.

Tom también grabó su nuevo disco en solitario, *Terra Brasilis*. Se grabó como un álbum doble, de nuevo con arreglos de Claus Ogerman, en lo que sería la última colaboración entre ambos, ya que el alemán volvería después a su tierra natal y se dedicaría a la música clásica. El disco incluyó 20 pistas, tres de las cuales eran inéditas, "Marina del Rey", "Two Kites" y "Você vai ver".

Tom tuvo poco tiempo para celebrar la felicidad que le dio nuevo álbum, lanzado en abril de 1980: poco después, el 9 de julio, su gran compañero Vinicius fallecería, dejándolo devastado.

En 1981, saldría otro disco en colaboración, esta vez con Edu Lobo. El proyecto nació casi por accidente: Tom, inicialmente, participaría en una canción de un disco de Edu, en el que se incluiría a varios invitados. Para ello, preparó un nuevo arreglo para la canción "Pra dizer adeus", la hermosa composición de Edu y Torquato Neto. Entusiasmado con el resultado, Tom pidió participar también en "Canção do amanhecer", una colaboración entre Edu y Vinicius. En ese momento, el productor Aloysio de Oliveira tuvo claro que tendría que replantearse el proyecto, haciendo un disco de colaboración entre ambos. El ambiente fue alegre y relajado. Quedó en evidencia la admiración mutua entre discípulo y maestro.

A principios de la década de 1980, Tom también crearía hermosas bandas sonoras, como para la miniserie de televisión *O tempo e o vento*, adaptación de los libros del escritor gaucho Érico Verissimo, y para la película *Gabriela*, adaptación del libro del bahiano Jorge Amado.

En 1987 lanza su nuevo disco, *Passarim*, con la Banda Nova –un conjunto que le acompañaría el resto de su vida y que incluía a algunos miembros de su familia–, y producción de Paulo Jobim y Jaques Morelenbaum.

Las grabaciones se realizaron con dificultad, ya que estuvieron marcadas por la preocupación de Tom por la salud de su madre y la falta de fondos, ya que la mayor parte del dinero disponible para la producción se perdió debido a la inflación de la época. Sin embargo, el resultado fue más que positivo: con una orquesta formada por 26 instrumentos de cuerda y seis de viento, el disco consiguió renovar el impacto de la *bossa nova* para una nueva generación y fue un gran éxito, haciendo que Tom Jobim obtuviera por primera vez un disco de oro.

Ya sexagenario, Tom decía que estaba "trabajando más de lo que merecía". Pero estaba feliz: consagrado, lleno de homenajes. En 1990 dio un concierto con Chico Buarque y Milton Nascimento para la inauguración de la Universidad Libre de Música[19], de la que fue nombrado rector.

En 1992 actuó en el concierto de clausura de la Eco-92, la histórica primera Cumbre de Naciones Unidas para el Medio Ambiente y el Desarrollo que tuvo lugar en Río de Janeiro y que buscaba pensar una agenda mundial para el medioambiente. El concierto se desarrolló en el estadio de remo de la laguna Rodrigo de Freitas, y en él Jobim presentó, junto a Gal Costa, Plácido Domingo y Wynton Marsallis su canción "Forever Green".

A finales de ese mismo año, subió nuevamente al escenario del Teatro Municipal de Río de Janeiro junto a João Gilberto, para celebrar los 30 años del célebre concierto neoyorquino del

---

19. Actualmente es llamada Escuela de Música del Estado São Paulo (EMESP) - Tom Jobim. Es una institución pública que ofrece formación musical gratuita a niños y jóvenes a través de más de 90 cursos de diferentes instrumentos musicales y canto.

Carnegie Hall, en un reencuentro que el público brasileño esperó por mucho tiempo.

En 1994, Tom lanza su último álbum, *Antônio Brasileiro*. Una vez más rodeado de su familia, acompañado por la Banda Nova y con el refuerzo de su nieto Daniel Jobim en la producción y de su hija Maria Luiza, entonces de siete años, con la que compartió la voz en la sencilla "Samba de Maria Luiza", Tom creó un disco que repasa, con su clásica elegancia, algunos momentos de su carrera, además de homenajear a viejos colaboradores musicales, como Dorival Caymmi y Radamés Gnattali (en la hermosa "Meu amigo Radamés").

Fue su disco de despedida, aunque otros discos póstumos siguieron presentando al público la grandeza de su obra, como *Em Minas ao vivo*, grabado originalmente en 1981, solo con Tom al piano y el cual se considera una de sus mejores obras.

El 8 de diciembre de 1994, Tom Jobim falleció en el Hospital Mount Sinai de Nueva York, víctima de un infarto durante el posoperatorio de una intervención a la que se había sometido tras descubrírsele un tumor maligno en la vejiga. Su funeral tuvo lugar el 13 de diciembre en Río de Janeiro. Poco antes, había declarado [2011]:

La muerte... el problema de la muerte es una cuestión sobre la que no se puede dejar de pensar. La obra de Tom Jobim dentro de 50 años, ¿qué será? Hablar de 100, 200 años es una imprudencia en este mundo donde todo pasa muy rápido y las cosas cambian vertiginosamente. A partir de unos años, todo es imprevisible.

Creo, sin embargo, que el futuro conocerá una visión más espiritual de las cosas, lo que quizás aumente el interés por la obra de un Tom Jobim.

Villa-Lobos, en una atrevida comparación, decía que su obra era como cartas escritas a la posteridad, de las que no esperaba respuesta.

A menudo, en una conversación con amigos, me preguntan qué estoy haciendo ahora. Suelo responder: "Estoy escribiendo para la posteridad, estoy trabajando para la estatua". La creación es un acto de amor, algo que se comunica a toda la humanidad.

En su deliciosa entrevista con Clarice Lispector, a mediados de los años setenta, Tom afirmó [2011]:

Estoy en contra del arte de consumo. Por supuesto, Clarice, me encanta el consumo… Pero desde el momento en que la "estandarización" de todo arrebata la alegría de vivir, estoy en contra de la industrialización.

Estoy a favor del maquinismo que facilita la vida humana, nunca de la máquina que domina a la especie humana. Claro, los artistas deben preservar la alegría del mundo. Aunque el arte está tan alienado y solo da tristeza al mundo. Pero no es culpa del arte, porque este tiene la función de reflejar el mundo. Reflejar y ser honesto.

¡Viva Oscar Niemeyer y Villa-Lobos! ¡Viva Clarice Lispector! ¡Viva Antônio Carlos Jobim! El nuestro, Clarice, es un arte que denuncia.

El crítico italiano Lorenzo Mammi tiene una hermosa afirmación; dice que si el *jazz* es una "voluntad de potencia", la *bossa nova* es una "promesa de felicidad". Una felicidad no eufórica, marcada por los tiempos vacíos, por tiempos muertos. Por los tiempos no consumibles que tanto avivan a los otros tiempos.

Volvemos al principio: si el arte de Tom es una denuncia contra todo lo que se normaliza y lleva a una pérdida de la experiencia original, una pérdida de la diversidad biológica y cultural, la denuncia es un compromiso, una forma no natural de vérselas con el mundo.

Nada fue natural en la trayectoria de Tom, y si hizo que todo pareciera tan natural, eso solo demuestra la sofisticación de su creación. Su obra es el testimonio de un artista que, sobre todo, como él mismo dijo acerca de João Gilberto, nunca subestimó a su público.

Una vez, cuando se le preguntó qué esperaba de su arte, Tom respondió: "La libertad total. Si como hombre fui un pequeño burgués adaptado, como artista me vengué a través de las amplitudes del amor". Y así, a lo largo de su vida, creó una obra sutil y revolucionaria a la vez. Tom puso en marcha una delicada revolución.

REFERENCIAS BIBLIOGRÁFICAS

2003. *Cancioneiro Vinicius de Moraes*: Orfeu. Río de Janeiro: Jobim Music.

2004. Nestrovski, Arthur; Mammi, Lorenzo y Tatit, Luiz. *Três canções de Tom Jobim*. São Paulo: Cosac & Naify.

2008. De Moraes, Vinicius. *Samba falado - Crônicas musicais* (org. Sergio Cohn, Miguel Jost y Simone Campos). Río de Janeiro: Azougue.

2010. Jobim, Tom. *Cancioneiro Jobim*. Río de Janeiro: Jobim Music.

2011. Caetano, Daniel y Coelho, Fred. *Tom Jobim - Encontros*. Río de Janeiro: Azougue.

2017. De Souza, Tárik. *Histórias e memórias de canção brasileira. Volumen 1.* São Paulo: Kuarup.

"TENEMOS QUE DETENER LA FABRICACIÓN INÚTIL DE UN DESIERTO"

Entrevista por Zuenir Ventura, en 1993

Entrevista publicada originalmente en el libro
3 Antônios e 1 Jobim: histórias de uma geração - O encontro de Antonio Callado, Antonio Candido, Antônio Houaiss e Antônio Carlos Jobim, Río de Janeiro, Editorial Releume-Dumará, 1993.

Tom, ¿cómo fue tu infancia?

¡Ah, mi infancia fue muy buena! Es cierto que perdí a mi padre muy tempranamente... Érico Verissimo era un buen amigo suyo, pero era un poco más joven. Mi padre es de 1899. Y pronto se separó de mi mamá. Luego volvió a casa y nació mi hermana, la de ojos azules, Helena Isaura. En aquella época se usaban nombres dobles. Yo soy Antônio Carlos Brasileiro de Almeida Jobim.

¿Dónde naciste?

Debería haber nacido en Copacabana, pero nací en Tijuca, por el *miserere nobis*. No había dinero y los alquileres en Copacabana en aquella época ya empezaban a subir. Estaba la playa y toda esa fascinación de vivir frente al mar. Y como mi familia no tenía plata, mi mamá se mudó a Tijuca, con mi padre y mi abuelo, llevándose todo. Nací en una casa de la calle Conde de Bonfim. En aquella época se nacía en la casa. Tengo fotos de la casa. Recuerdo que siempre había escasez de agua... Tuvimos que cargar mucha agua. Tijuca significa "pantano", ¿lo sabías? ¡Pero al pantano le faltaba agua! Y faltó café también...

Pero tú creciste en Ipanema...

Nací en Tijuca, pero con menos de un año ya estaba en las arenas y dunas de Ipanema. No me acuerdo de Tijuca. Tanto es así que hoy voy a Tijuca y me pierdo allí en la plaza Saens Peña.

¿Sabías que en 1910 había un proyecto para perforar una cantera que existe en la calle Lopes Quintas, en el barrio Jardín Botánico, y excavar un túnel que llegaría directamente a la calle Uruguai, muy cerca de la Conde de Bonfim, una de las principales de Tijuca? ¡Gracias a Dios que no hicieron ese túnel! La teoría es que cuantos más túneles haya, más atascos tendremos. Porque ahí todo el mundo viene a la Zona Sur. Si no hay túnel, no hay embotellamientos [risas].

Sabes que esto del tráfico está cambiando mucho... En Los Ángeles, por ejemplo, en las *highways*, la velocidad mínima es muy alta. Así que la distancia entre los coches tiene que ser muy grande y el tráfico acaba fluyendo más lentamente. Allá piensan que si se conduce a menor velocidad, con los coches más juntos entre sí, el tráfico fluye más rápido.

¿Qué recuerdas de tu infancia en Ipanema?

Ipanema era casi solo arena. Mi calle, la Barão da Torre, era de arena. Recuerdo todas esas dunas y algunas casas... El paisaje era de arena y en lo alto de alguna duna había una casa. Fui creciendo allí. Viví durante un corto periodo en Copacabana, en una pensión, pero luego volví a Ipanema y me quedé allí. En aquella época se ponían esas tablas debajo de los coches para que no se quedaran atascados en la arena. Había ese tipo de vegetación de restinga.

¿Te acuerdas de la laguna?

La laguna Rodrigo de Freitas tiene un nombre en tupí-guaraní, *Sacopenapã*, que significa "un montón de *socós*[1]". Todos esos *socós* se asomaban al agua por la noche para pescar *barrigudinhos*[2], saboga y esos peces que se están muriendo... ¡Es el mayor crimen que se ha visto! Llevo más de sesenta años diciendo esto. ¿Cómo pueden dejar el canal cerrado? ¡No dejan que el agua entre o salga! ¡Todo se

---

1. Nombre común de varias aves acuáticas de pescuezo largo, de la misma familia que las garzas. Habitan desde Centroamérica hasta Argentina.
2. Pez de agua dulce originario de Sudamérica que vive en ríos de bajo caudal, lagos y estanques. También son conocidos como *guppys*.

muere! Lo hicieron en Barra[3]. ¡Cerraron la laguna de Barra! Todo quedó flotando. Apareció esa superficie blanca de pescado podrido... Una cosa terrible. Hay que dejar pasar el aire, dejar que el agua entre y salga. Hoy la laguna Rodrigo de Freitas está mejor. Pero sigue siendo necesario construir una escollera para que el agua del mar pueda entrar con toda su fuerza. Por donde el agua pasa, cava. Mientras más pasa, más cava y cava... El canal de una laguna es un lugar donde se puede morir ahogado. Como en Barra da Tijuca. La gente siempre se ha ahogado allí en el canal de la Barra. El agua pasa y cava.

Pero en Ipanema nunca dejaron que ocurriera algo así. Tanto es así que el canal del Jardim de Alá está hecho de cemento. Lo descubrí hace diez años y quedé perplejo, atónito. El agua nunca pudo cavar... No tiene sentido insistir en este asunto de usar dragas para quitar la arena del fondo de la laguna. ¡No es así! La draga no va a acabar con la muerte de los peces por sacar arena del fondo de la laguna. No tenemos que usar dragas ni nada de eso. Lo que no se debe hacer es pavimentar o cementar el fondo del canal, porque el agua no tiene por dónde pasar. No sirve de nada decir: "¡Bien, quiero que el agua pase por encima de la mesa! El agua pasará por donde pueda pasar. El cemento no sirve de nada.

---

3. En referencia a Barra da Tijuca, barrio de la zona oeste de Río de Janeiro.

Esta mortandad de peces en la laguna es un crimen terrible. Y después todo el mundo empieza a hablar del viento del noroeste y no sé qué más. Dicen que el viento levanta las algas y la suciedad del fondo y entonces falta oxígeno para los peces. Todo eso es verdad. ¡Pero la cosa es dejar pasar el agua! En mis tiempos vivíamos en la laguna...

Río de Janeiro es un lugar paradisíaco. ¡Es el *pindorama*! Tierra de palmeras... Aquí teníamos anacardos, teníamos aquellas culebras verdes, aquellos *calangos*[4] grandes. Había lagartos enormes en Ipanema. ¡Pitangas! Solía zambullirme en la laguna frente a la calle Montenegro, que hoy se llama calle Vinicius de Moraes. Yo vivía allí, entre la Vinicius de Moraes y Joana Angélica. Nadábamos hasta aquí, a la altura de la Fonte da Saudade[5]... Recuerdo que había una gramola, de esas en las que pones una ficha para escuchar tu canción favorita. Y en el tocadiscos escuchábamos esas canciones de éxito y demás. Eran canciones estadounidenses. ¡Era muy bueno, muy bueno! Solíamos atrapar caimanes, el agua era limpia, había muchos peces...

Cuando pescaba, les daba pescado a mis amigos. A veces nos pasábamos horas, por la noche, pescando y conversando en la Pedra do Arpoador[6]. ¡Había peces enormes! Y por

---

4. Nombre popular dado en Brasil a algunos tipos de lagartos, generalmente los que no sobrepasan los 30 cm de largo.

5. Sector del actual barrio de Lagoa de Río de Janeiro.

6. Pequeño roquerío ubicado en la playa de Ipanema.

la mañana, cuando íbamos a la playa, teníamos miedo de entrar al agua por el tamaño de los peces que veíamos... Una vez vi un tiburón trozo, durmiendo a la sombra del roquerío. Un tipo se acercó y tomó una piedra para lanzarla a la roca y asustarlo, para que pudiéramos bañarnos. En aquella época, los tiburones no comían gente. Los tiburones tenían muchos peces para comer... Ahora la cosa está tan alterada que los tiburones ya han empezado a atacar a personas en las playas del nordeste.

Era una vida muy, muy buena. Yo vivía quemado de tanta playa. No salía de la playa. Se podía dormir a la sombra del almendro en la plaza Nossa Senhora da Paz, ¡dormía ahí y despertaba vivo! ¡Nadie te molestaba! En invierno, flirteábamos en la playa. ¡Realmente flirteábamos! No había nadie en la playa. Había de esas enredaderas de arena, con esas hojas redondas que parecen de plástico. Y nos acomodábamos allí, en el barranco de arena, con la noviecita... ¡Una cosa fantástica!

Y esas grandes olas que venían en el invierno. En esa época venía el viento del suroeste, y en lugar de traer lluvia, ¡traía un cielo tan azul al día siguiente! Era un día que lo pasábamos agarrados a las olas. Un día dedicado a las olas, esas olas verdes y blancas.

Y había bagre, anchoa, mielga, mújol, anchoveta. Ipanema estaba llena de peces, como la laguna Rodrigo de

Freitas. Todo era una sola cosa. Eran las tierras que un portugués compró a orillas de la laguna y que los indios llamaron *Sacopenapã*. Estaba llena de peces. ¡Solíamos pescar camarones! También vi cuando abrieron el Corte de Cantagalo. Mi abuelo me llevó a ver la explosión del morro. ¡Poft! Primero las explosiones, después íbamos allí a recoger cuarzo. Y miramos a contraluz los pedacitos para ver qué era realmente. Había amatista, topacio, esas piedras semipreciosas. ¡Era una delicia!

Conocíamos a todo el mundo. Había muchas chicas hermosas. Y sabíamos dónde vivían, conocíamos sus nombres, dábamos paseos en bicicleta, etc. Luego fuimos creciendo, empezamos a hacer gimnasia, ¡quedamos con los brazos gruesos! Esa etapa de mi vida en Ipanema es inolvidable. Los pajaritos...

¡Ah! otra cosa que se me estaba olvidando: ¡la cometa, el volantín! Sí, sí... lo encumbraba con el viento este. El viento fuerte del este recorre la playa de Ipanema de este a oeste, como al estado de Río de Janeiro. Y atábamos nuestras cometas a un arbolito mientras íbamos a comer un sándwich. Luego volvíamos y la cometa estaba allí todavía, detenida en el viento... Había globos en la época de San Juan. Hacíamos muchas cosas: jaulas, trampas, cañitas de pescar. Sabíamos atar un anzuelo, una plomada, para agarrar los peces, ¡cortábamos peces en la playa! Tenía toda esa vida. Y todos nos conocíamos, éramos amigos. De vez en cuando nos seguimos reuniendo con esta vieja patota. Todavía quedan varios de ellos por ahí…

La conciencia ecológica estaba
conectada con la vida…

¡Ah, completamente! Lo que he visto hasta los días de hoy, desde que tengo uso de razón, es la destrucción de todo. ¡Siempre la destrucción! Cortar árboles, quemar, destruir todo… Siempre es así, ¡una cosa inútil! Como dice Frans Krajcberg, el país es riquísimo y los hombres, acostumbrados a esta riqueza, solo saben destruir. ¿Para qué? Y después, cuando surja una multitud de desesperados, ¿qué pasará? Todos van a entrar a la selva destruyéndolo todo, comiendo lo que encuentren para sobrevivir. Este es un país muy rico que puede tener tres o cuatro cosechas al año. Europa, Estados Unidos y Japón solo pueden tener una cosecha al año, porque se enfrentan a esos durísimos inviernos, ¡diez o veinte grados bajo cero! Aquí tienes la lluvia… Brasil es un país lluvioso y fértil. ¡Aquí brota cualquier cosa!

El Jardín Botánico es increíble. Nace de todo. Cuando llegué aquí había *saíra-de-sete-cores*[7]… Había toda clase de pajaritos. Había uno azul con la cabeza roja… Ahora llegó

---

7. Especie de ave de la familia Thraupidae, común en selvas de la Mata Atlántica de Brasil.

el gorrión y terminó con todo. Cuando llega el gorrión, ¡acaba con todos los pájaros!

Es un depredador.

Depredador, sí. Destruye los nidos, se come los huevos, arrasa con todo. El gorrión no anida. Es un pájaro doméstico, vive bajo las tejas. Su hogar es el del hombre. Anda junto al hombre. ¡Que es su principal predador!

Es el inspirador del gorrión.

Exactamente. El gorrión es el *Passer domesticus*. Camina junto al hombre. Así que, cuando te adentras en el monte, encuentras todo tipo de pájaros... Construyes una casa, el gorrión se instala ahí también y empieza a perseguir todo tipo de pajarito. ¡Y desaparecen! Este pájaro se come al tordo, al *tiê-sangue*[8]... Hay tantas aves aquí que podría citar unas doscientas. La bandada carioca...

¿Cómo empezaste a hacer música?

Tenía un tío que tocaba guitarra popular y otro que tocaba guitarra clásica –guitarra española, Bach y Chopin– y hacía

____

8. Especie de ave de la familia Thraupidae, reconocida por su espectacular plumaje rojo. Habita en las selvas de la Mata Atlántica de Brasil.

transcripciones para guitarra. Fue entonces cuando empecé a enamorarme de la música. En casa no había piano, nada de eso. Fue a través de estos tíos que me fui enamorando de la música. Entonces mi madre fundó una escuela. Después de haber educado a sus hijos, a mi hermana Helena y a mí, decidió educar a los hijos de otras personas… Así que fundó el Colégio Brasileiro de Almeida. Contrató a Miss Erika, una holandesa, para que enseñara inglés, alquiló un viejo piano alemán e invitó al maestro Hans Joachin Koellreuter a dar las primeras clases de música. Era mi hermana la que debía estudiar piano, pero Helena no mostró interés y yo sí. Cuando llegaba a casa después de la playa, solía juguetear con él, probando los sonidos…

El piano estaba en un garaje frío, de cemento, y a veces me tumbaba allí, con pantalones cortos. Yo estaba en forma, comía aquellos porotos… y no tenía problema en dormir allí durante horas. Al final, quedó para mí ese piano misterioso, con sonidos que se superponían y se armonizaban… Cuando empecé a tocarlo, mi madre me dijo: "Vamos a hacer lo siguiente: ya que Helena no quiere saber nada del piano, y con razón, porque implica un estudio muy latoso, puedes divertirte con él". Y así fue como me puse a teclear. Ya tocaba armónica. Participaba de una orquesta de armónicas en la plaza General Osório. También tenía una guitarra, que empecé a tocar un poquito… Pero ese piano fue mi primer computador, por así decirlo. Todas las notas están ahí. La escala templada... Ahí es donde se pueden empezar a complicar las cosas.

¿Qué edad tenías?

Unos doce años, tal vez...

¿Tan pequeño?

Trece, catorce... No pensaba en ser músico. Quería ser ingeniero, algo así. Tal vez médico, algo del estilo. Acabé dedicándome a la arquitectura porque tenía talento para dibujar. Soy zurdo. Por cierto, hay muchos zurdos: Baden Powell, Bené Nunes, ¡mucha gente! El otro día estaba leyendo la biografía de Cole Porter y descubrí que también era zurdo. Charles Chaplin era zurdo. Leonardo da Vinci... Hay una infinidad de zurdos, todos esos zurdos de la Regional de Zurdos... En mi banda, Danilo Caymmi es zurdo, Miúcha también lo es. Creo que hay más o menos un 40% de zurdos en el mundo.

¿De qué signo eres?

Acuario. Pero mi ascendente es discutible. Parece que estoy entre Libra y Escorpión. Pero tengo la Luna en Escorpión. ¡La Luna en Escorpión! Soy el típico acuario. Pero dicen que cuando se envejece se va cambiando de signo, transformándose en el ascendente. No entiendo mucho de este asunto.

***¿Llegaste a cursar la carrera
de arquitectura, no?***

Empecé y luego la abandoné. El piano era un pasatiempo, pero poco a poco la música se convirtió en algo fundamental en mi vida. Tuve ganas de ser músico. Entonces empecé a estudiar piano seriamente con la Sra. Lúcia Branco, que también fue profesora de Nelson Freire, de Arthur Moreira Lima, de Jacques Klein. Después estudié piano con Tomás Terán, que era un gran amigo de Villa-Lobos, quien incluso le dedicó algunas rondas a Terán, quizás por ser, este último, español. Así fui progresando en esto de la música. Y la naturaleza de Río influyó mucho. Esa laguna, los peces, la selva, los pajaritos, todo eso se me grabó en el oído. Cuando estoy en el extranjero echo mucho de menos la selva brasileña...

***En tu caso, ese contacto con la selva también
es visual. No es solo de oído...***

Pero también es auditivo. Siempre he prestado mucha atención al canto de los pajaritos. Tengo colecciones de cantos. Me gustan mucho. Tengo muchos libros sobre aves... Animales en general, pero especialmente aves. Conozco muchos animales brasileños. La selva tenía de todo. Cuando estudié en la escuela primaria, Brasil tenía treinta millones de habitantes y una selva increíble. Era una selva llena de animales. Podías andar por una carretera brasileña y ver armadillos, pacas... Los ríos estaban llenos de peces. Había muchos carpinchos. ¡Se podía ver de todo! Y los monos...

Por cierto, ayer pasó un mono por aquí por el fondo del patio. ¡Era un chiquillo de este tamaño [Jobim gesticula], con una cola así de gruesa! Se detuvo en lo alto del árbol. Me quedé allí, con los empleados, observando. Comió algo de fruta. No creo que haya sido un mono de aquí. Debe haber sido un mono amazónico, porque era muy grande. Un mono local es el tití, o ese otro, el mono capuchino. También está el mono capuchino con el pelo peinado así [Jobim gesticula]. Pero el mono que vimos en el patio era muy grande. Creo que era de los introducidos.

La selva de Tijuca es muy complicada. Escribí el prefacio de un libro sobre esta selva y sé que tiene todo tipo de plantas, incluso eucaliptos australianos, árboles de jaca, mangos de todo tipo, todo... Hay muchas especies allí dentro. En Estados Unidos es una calamidad porque plantaron un montón de cosas traídas de fuera. Llevaron plantas y animales de todas partes. Estados Unidos tiene faisanes y otras cosas, pero nada de eso es originario de allá.

Todo vino de Oriente. Llevaron de todo y lo mezclaron con las especies originales y primitivas. Esas enormes granjas tienen todo tipo de razas, jirafas, cebras…

Tu música parece elogiar la mezcla.
É pau, é pedra…

É o fim do caminho… [risas] ¡Siempre está el final del camino! Tal vez sea Saci[9] cantando. Mis canciones siempre tienen unos animalitos que aparecen en el medio. El nombre de Brasil proviene del *pau-brasil*[10]. Entonces, ¿cómo puede haber un Brasil sin *pau-brasil*? ¡No se puede! En algún momento se pensó dar a Brasil el nombre de *Ipê*[11], que

---

9. En referencia a Saci-pererê, famoso personaje mitológico del folclor brasileño. Se trata de un joven con una sola pierna, negro, con agujeros en las palmas de sus manos, que fuma una pipa y usa una gorra mágica de color rojo para aparecer o desaparecer donde desee.

10. Árbol leguminoso de madera dura y rojiza que abundaba en el litoral brasileño antes de la colonización portuguesa. A partir de la implantación de esta última, fue fuertemente explotado, por la belleza y dureza de su madera, así como por su capacidad de teñir. El nombre significa, literalmente, "palo-brasil", donde la palabra *brasil* hace referencia al color de brasas de su madera. En la actualidad es muy escaso y se encuentra protegido.

11. Nombre de una gran variedad de especies árboles de los géneros Tabebuia y Handroanthus. Son conocidos por su belleza, sus exuberantes flores y su amplia presencia en todas las regiones de Brasil. Sus flores pueden ser amarillas, moradas, rosas, blancas o incluso verdes.

es otra hermosa madera de ley. Es la madera la que da esa flor de color amarillo-dios. El amarillo del *ipê* es un espectáculo increíble. Y también está el *ipê* púrpura. El *ipê* tiene muchas variedades. Por eso se pensó primero en llamar a Brasil *Ipê*. Luego venció la opción del nombre del árbol *pau-brasil*, que daba el famoso tinte rojo. Todo eso se me quedó grabado. Es como dijo una vez Marcello Mastroianni: "No me mudaré a Hollywood porque tengo a Roma, vivo en Roma". De pequeño este actor soñaba con ir a Hollywood, con ver pasar un coche de cristales oscuros en el que subían Hitchcock, Gary Cooper o Cary Grant… Soñaba y se ponía en la puerta de los grandes hoteles, para ver a algún artista de cine. Luego creció y descubrió que tenía a Roma. "Tengo mi Roma", dijo. Y yo diría, parafraseando a Mastroianni: "Tengo mi Río de Janeiro". Que, por cierto, está hecho un caos tremendo. Pero tengo a Río de Janeiro de todas formas, a pesar de eso. Conozco todo lo que hay aquí. He subido todos los morros, la piedra de la Gávea, el Cristo Redentor. ¡Subía por la piedra! Escondía mi bicicleta entre los arbustos y subía el morro. Luego iba a la playa. Volvía del morro y la cosa no paraba ahí porque me iba a la playa después.

Pero estabas diciendo que
la carrera de arquitectura
la hiciste por apenas un año…

Este asunto de la arquitectura acabó en música. Cuando volví a estudiar música y decidí ser profesional, un libro me influyó mucho: *Pequeña historia de la música*[12], de Mário de Andrade, que era musicólogo y profesor de piano, componía y todo lo demás. En este libro, da consejos a los jóvenes compositores brasileños y dice más o menos lo siguiente: "Si no tienes talento, haz música brasileña. Si tienes algo de talento, haz música brasileña. Y, si eres un genio, haz música brasileña". Porque necesitamos música brasileña.

Todo esto lo escuché de mi abuelo. ¡Tuvimos que inventar Brasil! Soy Antônio Carlos Brasileiro de Almeida Jobim. Y por este nombre siempre apareció alguien para decir que yo no era brasileño, para hacer insinuaciones de que yo estaba haciendo música extranjera en Brasil. ¡Hay críticos que siempre dicen lo contrario de como son las cosas! Es como una tortura. Por cierto, cuenta la leyenda que Guimarães Rosa recortaba las críticas de los diarios y luego pegaba estos recortes uno por uno en la pared, de patas para arriba, porque los críticos decían exactamente lo contrario de lo que él era y quería transmitir.

Es evidente que soy brasileño. Brasil soy yo y yo soy Brasil. La gente que dice que no soy brasileño no ha visto

---

12. Publicado en 1942 (Martins, São Paulo).

nunca un *quatimundéu*[13], ni ha entrado a la selva… No saben cómo es Brasil. Solo han visto la luz roja, la verde y nada más. No saben cuánto personas como Rondon y mi abuelo tuvieron que inventar Brasil. Tuvimos que inventar hasta nuestros nombres. Tupinambá, Indio de Brasil, Brasileño de Almeida… Por cierto, yo también soy Paes Leme, descendiente de aquel *bandeirante*[14] del interior de São Paulo. Mi abuelo era paulista. Así que tuve que inventar música brasileña, así como Oscar Niemeyer inventó una arquitectura brasileña. Brasil, antes de mí, tenía un Teatro Municipal que solo presentaba ópera italiana. Villa-Lobos nunca entró al Teatro Municipal, nunca le permitieron actuar en ese escenario.

Y después de la arquitectura vino el Beco das Garrafas[15]…

13. Nombre dado a los coatíes viejos que viven alejados de sus grupos.
14. Denominación que se le daba a los hombres del periodo colonial brasileño que, partir del siglo XVI, partían en expediciones hacia el interior del continente en búsqueda de riquezas minerales, mano de obra indígena y de los esclavos africanos fugados desde las ciudades costeras. Contribuyeron, de esta manera brutal, a la expansión del territorio brasileño hacia latitudes como las ocupadas en la actualidad por los estados de Minas Gerais, Goiás y Mato Grosso.
15. Nombre dado a un callejón de la calle Duvivier, barrio de Copacabana, que entre las décadas de 1950 y 1960 albergaba un grupo de famosos clubes nocturnos.

¿Cuándo llegó la noche a tu vida?

De repente, acabó todo ese sol. De repente, se convirtió en un cubo de tinieblas, lleno de humo, mucha gente bebiendo y nosotros tocando...

¿Era para ganarse la vida?

¡Claro que sí! Para pagar el alquiler.

¿Y ya estabas casado?
¿Qué edad tenías?

Tenía unos veinte años... Cuando decidí casarme, a los 22 años, ya estaba en esta vida de la noche. Era una noche eterna, porque cuando se hacía de día me iba a dormir, y cuando oscurecía me duchaba, comía algo y bajaba al club nocturno a tocar el piano. El repertorio era de canciones francesas. De vez en cuando tocaba *jazz*. Y mucho samba-canción. Este estilo de vida duró bastante tiempo, hasta que conseguí un trabajo en la ciudad, en el sello discográfico Continental. Fue Fábio Carvalho de Silveira quien me ayudó. En Continental nos pusimos a trabajar con Braguinha. Me quedé allí durante años. Había un bar en la planta baja y cuando terminábamos de trabajar nos íbamos a beber.

Acompañé a Dick Farney, Lúcio Alves y, antes, a Dalva de Oliveira, Orlando Silva... Hice discos con ellos. Entonces decidí dejar la vida nocturna y empezar a llevar una vida diurna. Estaba casado, ya con un hijo, y estaba el problema del alquiler. No conseguía pagar el alquiler. Mi padrastro me ayudaba. A veces venía a visitarnos y traía una plata para ayudarnos. Un día apareció para conversar conmigo. Estaba muy preocupado. Me dijo: "Mira, hijo, no creo que este asunto de la música funcione. No podrás vivir de ello". Yo ya hacía algunos arreglos para orquestas y en esas ocasiones me pagaban. Pero era tan poco... No alcanzaba para nada. Así que él me ayudaba a pagar el alquiler. No quería pedir dinero, ya estaba casado. Pero los derechos autorales no rendían lo suficiente. ¡Incluso hoy en día no alcanzan para nada!

No consigo mantenerme con mis derechos de autor aquí en Brasil. Las cosas han mejorado últimamente, sin duda. Pero es pura ilusión, ¡aumentó por la inflación! Antes ganábamos cincuenta y ahora ganamos cuarenta millones de derechos de autor. Parece mucho, pero este aumento no cubre la inflación. Por eso ves a todos estos grandes autores, como Dorival Caymmi, haciendo presentaciones en vivo. Se lo pasan haciendo espectáculos.

¿Cuándo empezaste a componer?

Tenía 29 años cuando apareció Vinicius de Moraes y me invitó a hacer *Orfeu da Conceição*.

¿Y cómo fue tu primer encuentro
con Vinicius?

Yo andaba por la ciudad con una carpetita llena de arreglos. Quería escribir música. Escribí un samba para que Monsueto la grabara, cuando estaba trabajando en la Continental. ¿Recuerdas aquel samba: *"Eu não sou água / Pra me tratares assim / Só na hora da sede / É que procuras por mim / A fonte secou..."* ["Yo no soy agua / Para que me trates así / Solo cuando te da sed / Me vas a buscar / La fuente se secó..."]? Es un samba de autoría de Monsueto, pero fui yo quien se la transcribió.

Por aquel entonces, yo trabajaba en Continental, el sello discográfico que tenía tres campanitas como símbolo, y me lo pasaba transcribiendo canciones. Quería adquirir una buena práctica en ello. Me ponía a observar al tipo que cantaba y transcribía eso al papel. ¡Transcribí muchos sambas!

Cuando llegaba la época del carnaval, empezaban a aparecer los compositores. Nadie escribía música, así que era yo quien tenía que transcribir. Hoy en día, la gente utiliza una grabadora. Simplifica mucho el trabajo. Primero grabas la música y luego transcribes la melodía...

Empecé a hacer arreglos en esa época y luego me fui a Odeon, que hoy es EMI. Era una gran compañía inglesa, con distribución de discos en todo el mundo: Australia, Europa, Estados Unidos. Acabé yéndome a Odeon porque me invitaron a ser el director artístico del sello. Un inglés muy amable, Mr. Harold Morris, me recibió. Yo le caía bien. Pero poco tiempo después renuncié. No quería quedarme allí. Quería tocar, hacer arreglos. Y el inglés me decía: "Cuando usted necesite algo, tome el teléfono. Mire, tenemos cuatro teléfonos aquí. Tome uno de ellos y mande a alguien a hacer el arreglo. Llame al maestro Lindolfo Gaia, Radamés Gnattali, Chiquinho Mignone, cualquiera de ellos. ¿Por qué usted habría de hacer arreglos?".

Pero lo que yo quería era, justamente, hacer arreglos. Decidí renunciar. Entonces apareció João Gilberto. Nadie quería grabar a João Gilberto, pensaban que la forma de cantar de João era muy bonita, pero no comercial.

Finalmente, conseguí el permiso para hacer un disco de 78 rotaciones con João Gilberto. Por un lado, estaba esa canción suya, "Bim Bom". Y, por el otro lado, "Chega de saudade", con letra de Vinicius de Moraes y música mía. El disco fue un éxito. ¿Sabes que cuando enviaron la grabación a São Paulo rompieron el disco? Dijeron: "¡Mira lo que nos manda Río!". ¡Plaf! Quebraron el disco. No estaban entendiendo nada de lo que decía João Gilberto...

¿Y después de que el disco fue un éxito total, fue fácil hacer un LP?

Después reconocieron que la propuesta era buena, el disco se vendió mucho en São Paulo. Y así conseguimos el permiso para grabar un LP. Ya teníamos doce canciones con João... ¡Y el LP también fue un éxito! Estaban "Chega de saudade", "O amor, o sorriso e a flor"... En aquel momento, yo ya había grabado con mucha gente talentosa: Orlando Silva, Edu da Gaita, Dalva de Oliveira, Sylvinha Telles (que, por cierto, fue pareja de João). ¡Y hasta con Elizeth! Grabamos con Elizeth ese LP donde por primera vez se escucha el ritmo de la *bossa nova*. Después de Elizeth, conseguí grabar el disco con João. Hicimos ese 78, luego el LP. Y João ahora anda por ahí, por el mundo...

¿Y tu encuentro con Vinicius?

Fue antes. ¿Sabes que nunca imaginamos que nuestra música tendría éxito en el extranjero? Nunca hicimos música pensando en eso. El extranjero era un lugar lejano para nosotros. Para ir a París había que tomar un barco... ¡Había un barco para llegar a Nueva York! También era posible ir en avión, pero el avión tenía una ruta peligrosa, hacía escala en Cuba. Ary Barroso viajaba rezando y cuando llegaba aquí besaba el suelo de su tierra. Ary Barroso les tenía mucho miedo a los aviones. Cuando vivía en California, estuve varias veces en lugares que él frecuentaba. Incluyendo la barbería. Había un italiano que le cortaba el pelo… Y el italiano empezó a hablarme de Ary Brroso, contándome las conversaciones que tuvo con él… Pero, como decía, el extranjero era algo lejano. ¡Muy lejano! Era remoto. Nunca quise salir de Brasil. Siempre dije: "No quiero salir de Brasil. Quiero vivir y morir aquí". Escuchaba esas historias de Vinicius… ¡Vinicius había viajado tanto! Hablaba todos esos idiomas, francés, inglés, español, italiano… Nos poníamos a preguntarle tantas cosas a Vinicius: "¿Cómo son las cosas por allá?", "¿y el frío?", "¿cómo es la nieve?". Y no sé qué más…

¿Ustedes imaginaban que tendrían tanto éxito fuera de Brasil?

Toda esa música que escribimos, nunca pensamos que pudiera tener éxito afuera. Esa cosa de que todo el mundo estaba tocando *bossa nova*, nadie lo imaginaba.

Todavía no has contado de tu encuentro con Vinicius…

Mi encuentro con Marcus Vinicius da Cruz de Melo Moraes fue muy importante. Fue más o menos en 1953 o 1954. Vinicius acababa de llegar de Europa. Él tenía sus amigos más cercanos, y yo no formaba parte de ese grupo. Yo era un pequeño ratero, que aparecía por ahí y tocaba un poquito el piano. Y cuando aparecía Vinicius, inmediatamente se formaba un círculo a su alrededor. Era un grupo grande: Fernando Lobo, Paulinho Soledade, Antônio Maria y todos esos amigos de Vinicius, todos ansiosos por conversar con él: "¿Cómo es la cosa?", "¿cuándo te vas?", "¿cuándo vuelves?"... Y Vinicius ya tenía toda esa cosa de la poesía y todo lo demás, incluso ya había hecho una canción con Sebastião Tapajós. ¡Ya tenía una gran trayectoria! Vinicius trabajó con profusión, con gran fecundidad. Y yo lo miraba y trataba de acercarme... Pero no tenía ninguna intimidad con él.

Esta intimidad llegó después de 1956, cuando el crítico musical Lúcio Rangel me llevó al bar Villarino. Siempre iba a los bares. Después del trabajo en Odeon, bajaba con la carpetita de partituras bajo el brazo para beber algo. Estaban bebiendo güisqui, yo no. Ni siquiera sabía beber güisqui. Bebí cerveza. Vinicius me enseñó a beber güisqui. Pero Vinicius también bebía mucha cerveza, mucho chop. Luego pasó al güisqui. Y más tarde ni chop podía beber, por los carbohidratos, el azúcar. No podía beber vino por la diabetes. Pero en aquella época no había diabetes. En ese momento, el poeta estaba en pleno apogeo. En 1956, él, que es de 1913, tenía 43 años. ¡Era fuerte! Entonces Lúcio Rangel me presentó a Vinicius, que necesitaba un músico que le transcribiera canciones para orquestar. Él ya hacía canciones. *Orfeu da Conceição* tiene música y letra de Vinicius, que yo solo orquesté. Luego pasamos a componer juntos las canciones que faltaban. Hicimos "Se todos fossem iguais a você" y todos esos sambas de *Orfeu*.

En este primer encuentro, me dijo que quería hacer la obra basándose en el mito, en la leyenda griega. Sería un Orfeo griego transformado en un Orfeo negro de un morro carioca. Y empezamos a reunirnos para hacer unos sambas tímidos, muy ceremoniosos... Entonces comenzó esa gran intimidad que duró hasta el final de su vida. Cuando Vinicius murió, por esos días yo lo había invitado precisamente a ser padrino de mi hijo menor, João. Aceptó... Pero murió sin haber sido padrino. Es decir, es el padrino simbólico.

Orfeu nos abrió muchos horizontes. Tras la presentación en el Teatro Municipal, vinieron los franceses... Vino Marcel Camus y luego la historia se convirtió en una película, *Orphée noir*[16]. Después se convirtió en *Black Orpheus* y ganó el Oscar a la mejor película extranjera en Estados Unidos. Esto, por supuesto, le dio un impulso a nuestra música, que compusimos junto con Luiz Bonfá. La música más

---

16. Película de 1959, de producción ítalo-franco-brasileña. El guion fue adaptado por Jacques Viot y Marcel Camus, quien también la dirigió.

exitosa de *Orfeu* fue "Manhã de carnaval", de Luiz Bonfá y Antônio Maria. *Orfeu negro* se convirtió en un clásico. Era 1956, Vinicius y yo empezamos a hacer mucha música juntos. Iniciamos una colaboración musical de más de cincuenta canciones. Luego me fui a Estados Unidos y la colaboración se interrumpió. Vinicius también compuso junto con muchos otros músicos de la época... Compuso con Baden Powell, Carlos Lyra, Francis Hime...

**Además de ser un compañero musical,
¿se convirtió en uno de tus
mejores amigos, no?**

Un gran amigo. Y un amigo de la noche, de restaurantes, de espectáculos. El show terminaba y nos íbamos a beber a algún lugar... Y Vinicius decía: "Vamos a comer aquella comidita de borracho: tres camarones a la parrilla..." [risas]. Eso era la comida de borracho. Él no comía mucho, ¡y yo tampoco! Eso de comer mucho ya no va más. Solo en la época en que iba mucho a la playa. Hoy no tengo necesidad de tanta comida.

¿Empiezas a trabajar temprano?

Hoy mi vida cotidiana es lo contrario de aquella noche interminable que vivíamos en los años cincuenta. Me levanto muy temprano para trabajar. Y trabajo toda la mañana. Este trabajo del *songbook*, por ejemplo, ¡fue un infierno! Escribes todas las canciones, luego lo corriges todo y ahí sale otra edición con nuevos errores. Leí en alguna parte que Guimarães Rosa siguió corrigiendo hasta la octava edición de *Sagarana*. Solo en la octava edición quedó satisfecho. Yo también soy así. Si sale con errores, me quiero morir, esa cosa va a salir con errores y va a ser una catástrofe...

Brasil no tiene tradición de edición de partituras y letras de canciones.

Por eso toda la música brasileña se quedó en la cosa de saber de oído, es decir, en el *blablablá*. Nos llegó por transmisión oral. Mis canciones no están bien editadas. Muchas no están editadas y otras están mal editadas. Muchas cosas de Pixinguinha y Noel Rosa se perdieron. Si no se escribe, se pierde. Mira el caso de Chopin: si no se hubiera pasado la vida escribiendo sus composiciones, ya nadie sabría lo que compuso. En aquella época no había grabadora. Tampoco conoceríamos la obra de Beethoven, Bach, Brahms, ¡de nadie! La cosa está, realmente, en el lápiz. Hay que escribirlo todo. Aunque el lápiz se usó hasta mi generación, porque mi hijo y mi nieto solo escriben en el computador. Todo es a través del teclado ahora... Yo soy del lápiz con cortapluma. Mi gran progreso fue el lápiz y el sacapuntas.

Es como dice Rubem Braga: "¿Hay alguna novedad en Brasil?". Y yo le respondo: "¡No, la única novedad son los cigarrillos Hollywood con filtro!" [risas].

¿Y cómo fue tu carrera después del éxito de Orfeu Negro?

Después vino la *bossa nova*, que incluso llegó hasta el Carnegie Hall en 1962. El Itamaraty[17] nos envió al Carnegie Hall de Nueva York. Pero fui contra mi voluntad. El concierto fue el 22 de noviembre de 1962. Tenía 35 años, iba a cumplir 36 en enero. Me topé repentinamente con los Estados Unidos de Norteamérica. Mi inglés era más o menos... Ya hablaba un poco de inglés que había aprendido en el curso que daba aquella profesora holandesa, Miss Erika. ¿Sabes que todo holandés habla inglés? Y cuando sale de Holanda da clases de inglés, obviamente. No enseñan holandés, porque nadie quiere aprenderlo... Así que yo tenía ese inglesito y, de repente, me vi frente a todo aquello, la ciudad monstruosa a veinte grados bajo cero. ¡Y yo vistiendo un ternito carioca de lino! Recuerdo una anécdota que ocurrió durante la grabación de un programa de televisión. El presentador se quitó el abrigo grueso que tenía y me lo puso en la espalda. Me dijo: "No rechaces el abrigo, yo estoy acostumbrado al

---

17. Ministerio de Relaciones Exteriores de Brasil.

frío y tú acabas de llegar del trópico. Será mejor que te lo pongas…". Y entonces fui aprendiendo a abrigarme mejor y a pasarme esa cosa en los labios…

El frío era tan intenso que me provocaba dolor en el oído. Los tímpanos duelen. Salía corriendo a la calle y vi que los estadounidenses solo comían *ham and eggs*. Y era eso todo lo que yo comía también. Salía del hotel miserable, temblando de frío. Era un hotel lleno de contrabandistas. En el pasillo desenrollaban sedas. Traían todas esas telas a Brasil o México, Panamá… No sé cómo hacían para transportar todo eso. Era el Hotel Diplomata. Bajábamos de la habitación y subíamos por Times Square. Yo entraba en un bar y pedía *ham and eggs*, que era lo único que se podía comer, porque no sabía los nombres de las comidas…

También había un restaurante automático. Solíamos ir allí después. Todos los de la *bossa nova* comíamos ahí. Sérgio Ricardo, Oscar Castro Neves, todos. Y el restaurante era automático. Estaba escrito en la puerta: "Automatic". Había toda esa comida detrás del cristal. Llegábamos con mucha hambre, apuntábamos, decíamos "this" a la chica y ella lo servía, ¿sabes? Así que empezamos a llamar al restaurante "This". También tenían esa cosa que gira con unas carnes y papas. Solo tenías que apuntar y decir "this", y listo. Hasta aprender a decir los nombres de todas esas comidas…

De todos los de la *bossa nova*, João Gilberto y yo fuimos los que pasamos más tiempo en Estados Unidos, durante la primera temporada. João Gilberto se quedó un poco más, realmente extendió su estadía. Yo me quedé unos seis o siete meses. Después tomé el barco y me vine a Brasil. La mayoría se marchó después del concierto. ¡Realmente no podíamos quedarnos! Nadie podía trabajar. Nuestro visado ni siquiera era de turista. Era un pasaporte azul, un pasaporte de intercambio cultural, que te prohibía recibir cualquier dinero. Esto significaba que habíamos ido allí a morirnos de hambre.

Fue entonces cuando empezamos a vender esas canciones, para pagar el alquiler de la habitación en el Hotel Diplomata. Vendimos la parte discográfica, porque no podíamos vender los derechos de autor. Y los vendimos por nada, quinientos dólares... Era para comer *ham and eggs*. Así que me fui quedando, quedando... Mi primera esposa fue a verme y mis hijos se quedaron en Brasil. Nos quedamos un tiempo allá y luego volvimos. Pero después empezó la cosa del ir y venir...

¿En 1962 ya tenías muchos éxitos?

Ah, ya lo tenía todo. Nunca habría ido a Estados Unidos si no hubiera tenido canciones en las listas de éxitos de allá. No habría tenido ningún deseo de "hacer la América" partiendo de la nada, como hacen los inmigrantes de los países pobres. ¡Nunca habría salido de Ipanema en esas condiciones! ¿Para hacer qué? ¿Para vender qué pescado? Todo ocurrió un poco por casualidad, porque allá estallaron sambas como "Garota de Ipanema", "Desafinado", "Samba de uma nota só".

¿Cómo fue que Astrud Gilberto entró al disco estadounidense?

Astrud era hija de una alemana y un profesor de inglés[18], que vivían en Bahía. Así que se le asignó cantar en inglés. Para la prueba eligieron "Garota de Ipanema". Cuando Astrud cantó *"Tall and tan and young…"*, en la versión que hizo Normam Gimble de la letra, me enfadé. Yo quería que apareciera el nombre "Ipanema" en la letra en inglés. Norman no quería y me peleé con él. Fue una discusión en un taxi. Ya sabes que cuando los empresarios estadounidenses se interesan por una canción… hay que inventar una letra en inglés. Yo, en ese momento, no tenía la capacidad de hacer letras en inglés. Para eso estaba Normam Gimble. Todas las grandes discográficas estadounidenses tienen un faquir para traducir los éxitos extranjeros que llegan. Si llega una canción italiana de éxito, el tipo tiene que escribir la letra en inglés. Y entonces llegó el samba brasileño… Norman se encargó de las letras. Así que tuvimos esa discusión en el

---

18. La verdad es que su madre era brasileña y su padre alemán.

taxi. Estaba nevando horrores. Yo le explicaba lo que significaban las palabras de "Garota de Ipanema". Me respondió: "Mira, *Ipanema* no significa nada. No estás diciéndoles nada a los estadounidenses". E íbamos en el taxi con toda esa nieve cayendo… El ruido de los limpiaparabrisas… Y yo con frío… con ese trajecito de mezclilla. Finalmente, el conductor, que estaba oyendo todo, paró el coche, se acercó a la acera, se volvió hacia mí y me dijo: "Tú estás equivocado y él tiene razón". Y Norman comentó: "¿Ves? ¿No te lo dije?". Y yo respondí: "¡Norman, Ipanema será conocida algún día! ¡El mundo entero sabrá lo que es Ipanema! Ahora no, es como 'The Boy From Cocamonga'". Cocamonga es una ciudad del interior de Estados Unidos y su nombre viene de los indígenas norteamericanos, así como Ipanema de los indígenas sudamericanos. ¡Es indígena! Igual que "Copacabana" ¡También es indígena! Copacabana, de hecho, es indígena de Bolivia, del lago Titicaca. Todos los otros nombres que existen aquí son de origen tupí-guaraní.

Entonces Norman cedió y dejó la palabra *Ipanema* en la versión estadounidense. *Ipanema* la pronuncian como "Aipanima" o "Ipanima". ¡*Ipanema* es difícil para los estadounidenses! Incluso Sinatra grabó "Ipanima". Yo iba a corregirle, pero pensé que era mejor dejarlo así. ¡Le dejé tener acento!

Muchas veces el artista brasileño se toma la molestia de hablar muy bien el inglés, y a ellos no les gusta. Quieren que permanezcas con algo exótico. Varias veces me dijeron: "¡Has empezado a hablar inglés muy bien! No es así que tienes que hablar para agradar por aquí. Tienes que hablar como un carioca. Esto es para que seas auténtico. ¡La autenticidad es fundamental! Ellos quieren sentir que no eres de aquí". Son incongruencias de los estadounidenses, que son tan patriotas.

Los estadounidenses quieren mucho a Estados Unidos. Pero a veces tratan mejor al extranjero que a su compatriota. Es una cosa curiosa. Tomemos el caso de Puerto Rico. Un chico me contaba una historia sobre este fenómeno de Puerto Rico. ¿Sabías que los puertorriqueños iban a Nueva York con la idea de hacer la revolución, poner bombas y cosas así? ¡Había terroristas y todo eso! Y no tardaron en aparecer los chistes. Uno de estos decía que dos puertorriqueños se encontraron bajo una cornisa, en un día frío, bajo una lluvia torrencial. Entonces, uno de ellos se dirige al otro y le dice: "José, ¿qué hora es en tu bomba?". Eso es porque solían usar mucho las bombas de tiempo.

Pero todo eso terminó y Puerto Rico se convirtió en un estado más de Estados Unidos, una especie de protectorado. Un tipo me decía que los impuestos allí son muy bajos. Dieron muchas facilidades a Puerto Rico, facilidades que nunca dieron a ningún otro estado norteamericano. Así que mucha gente se mudó allí para vivir bien. Gente como Pau Casals, que es español y prefiere vivir en Puerto Rico. El tipo se queda en casa y está en Estados Unidos, con todos los privilegios, pagando un impuesto bajo.

En Nueva York los impuestos son una locura. Hay impuestos municipales, estatales, sobre la renta. Es como aquí. Hay impuestos sobre todo lo que compras...

Pero volviendo a la música, tú compusiste unas 400 canciones y te diste a conocer por unas diez...

Es cierto. Y mira que tuve mucha suerte. Tengo muchas cosas conocidas. Trabajé mucho, hice mucha música. Irving Berlin, que hizo tantas canciones en su vida, decía: "Tener un éxito es normal. Tener dos es normal. Incluso puedes hacer tres, cuatro... Pero diez éxitos ya revelan una predilección divina...". Sencillamente no puedes tener tantos éxitos así... El caso de "Garota de Ipanema" fue impresionante. Hoy la canción es universal. Eso de que pase una mujer guapa y el tipo deje lo que está haciendo para mirar a la chica es universal. El tipo que está con el martillo mecánico, en plena vía pública, también se detiene a mirar. Es una cosa universal.

¿Y la letra estadounidense de "Águas de Março"?

La cambié un poco, las aguas de marzo de allá son aguas de deshielo. Es cuando la nieve se derrite y los ríos vuelven a fluir. Es otro marzo, más fresco que el nuestro... Por lo tanto, no se puede utilizar en relación con "Águas de Março" el argumento de que eso es universal. Pero hice muy buenas letras en inglés. Evité el latín e hice todas las letras con palabras anglosajonas. Aunque el vocabulario inglés también es muy latino. Yo consideraría al inglés una lengua neolatina, que por supuesto no lo es. Todo lo que tienes en latín lo tienes en inglés.

Por cierto, la impresión que se tiene en Estados Unidos es que los estadounidenses piensan que lo han hecho todo. Y luego aparecen algunos tipos que encuentran similitudes con otras culturas. Un crítico escribió en un periódico que "Samba de uma nota só" había plagiado la introducción de "Night and Day", de Cole Porter. Voy a revelar algo aquí: cuando Cole escribió "Night and Day" fue acusado de plagiar la melodía de la sonata "Claro de Luna" de Beethoven [Tom comienza a tararear "Claro de Luna" y "Night and Day"]. La acusación de copiar la sonata "Claro de Luna" de Beethoven molestó a Cole Porter.

Lo que ocurre es que cuando repites una nota media tiendes al pedal central. Si repites un bajo, será un pedal en el bajo. Y si es un pedal de agudos, será una melodía de una sola nota.

Muchas canciones tienen una sola nota. Como el "Preludio" de Chopin, o "Gota de agua". Hay una canción alemana, con versión en inglés, que se llama "I'm Nothing". Están "Night and Day", "Johnny One Note". Hay muchas canciones. Y así sucesivamente. No es ninguna novedad repetirse con una nota.

Evidentemente, el creador no quiere que su composición se parezca a la de otros. Al contrario, quiere ser original. Stravinski decía que solo se puede robar a quien se ama. No puedes ser ese tipo que roba algo que no le gusta. ¡Tienes que robar algo que realmente ames! Y otra cosa, no sé si fue Picasso quien dijo: "Los mediocres copian y los genios roban". Se meten todo en el bolsillo y se lo llevan.

**¿Y cuáles son tus mayores
referencias musicales?**

Siempre he sentido una enorme admiración por Villa-Lobos. Pero le trataron muy mal en Brasil. Se le acusó de todo, incluso de ser un ladrón del folclor brasileño. ¡Mira qué absurdo! Decían así: "Esto no es música de Villa-Lobos. Esto es robado del folclor brasileño". Un día él se indignó y dijo en una entrevista: "Pueden decir lo que quieran. ¡Yo soy el folclor!". Y, realmente, el folclor en las manos de Villa-Lobos se convertía en algo más. ¡Era un genio! Y fue muy perseguido por ello. Realmente muy perseguido.

Tengo libros en casa que hablan mal de Villa-Lobos...
¡Hay gente hasta el día de hoy que sigue hablando mal de
Villa-Lobos! ¡Hasta hoy! Y fíjate que Villa-Lobos murió en
1959. Él era de 1877 y murió a los 82 años[19]. Y todavía hay
gente que habla mal de él. Han pasado 34 años desde su
muerte y a los que les gusta llevar la contra no se olvidan
de hablar mal de él y manchar su memoria. Fue lo mismo
que ocurrió con Candido Portinari, otro que fue perseguido
hasta la extenuación. ¡Es increíble! Pero nada comparado
con la persecución de Oscar Guanabarino a Villa-Lobos. Fue
una locura. Escribió artículos tan ridículos que te mueres
de la risa. Fue cruel. Tildaba a Villa-Lobos de loco, de
irresponsable, le decía de todo.

**Pero eso ocurre con los innovadores, los que
revolucionan su tiempo...**

Eso, justamente. Solo con el paso del tiempo te das cuenta
de que la gente no entendía nada de lo que estaban haciendo, tanto Villa-Lobos como Portinari. Fíjate, el Teatro Municipal tocando ópera y Villa-Lobos escribiendo "Floresta
amazônica"... El público estaba muy acostumbrado a esas
óperas italianas, y Villa-Lobos aparece con una composición
brasileña sobre la selva amazónica. Nadie entendía nada.

---

19. Jobim erra en la fecha. Villa-Lobos nació en 1887 y murió a los 72 años.

Hubo resistencia, por supuesto. ¡Villa-Lobos era una innovación total! Sabes que muchos no aceptaron que él fuera un compositor reconocido. Sentían un verdadero odio. Y en el ambiente de la música también hubo quienes quedaron impresionados por la repercusión internacional de la música de Villa-Lobos. De hecho, el maestro Leo Peracchi, que también fue mi profesor, decía que el ruso Igor Stravinski bebió mucho de la música de Villa-Lobos. Parece que la "Consagración de la primavera" tiene mucho de "Negócio do mato" de Villa-Lobos. ¿Sabías que Villa-Lobos sabía mucho sobre pájaros? Conocía todos estos pájaros de los que hablo. De vez en cuando escucho una de las sinfonías de Villa-Lobos y hay un pajarito por ahí. Aparece en medio de la melodía, ¡en el tono correcto! Villa-Lobos tenía un oído absoluto, así que lo sabía desde niño. Y se crio aquí en Brasil, que era una selva. Río de Janeiro era un 95% de selva. Solo no había selva en las rocas y en la playa. El resto era vegetación espesa, incluso alrededor de las lagunas. ¡Todo era selva!

Después de la muerte de Villa-Lobos bautizaron una callecita con su nombre. Nunca fui a visitar esa calle, pero tengo curiosidad por conocerla. Oscar Guanabarino también tiene una pequeña calle. Creo que le dieron su nombre de tanto haber hablado mal de Villa-Lobos… [risas]. ¿Qué más hizo además de hablar mal de Villa-Lobos?

**Cuéntame un poco de Frank Sinatra.
¿Cuándo se conocieron?**

Sinatra apareció justo después de la actuación en el Carnegie Hall en 1962. Y en 1966 hicimos ese disco, *Francis Albert Sinatra & Antônio Carlos Jobim*.

¿Existe una amistad entre ustedes?

Sí, somos amigos. Frank Sinatra fue muy bueno conmigo. Siempre fue muy honesto, me pagó muy bien por todo. En aquella época, a medida que iba recibiendo dinero, me lo iban quitaban todo. Yo tenía colaboradores musicales estadounidenses y unos impuestos tremendos. Los impuestos para los extranjeros también son terribles. Todo músico estadounidense lo sabe: *"From tax and death nobody can escape!"*. "¡De los impuestos y la muerte nadie se escapa!", no hay salvación. Así que hice ese disco con Sinatra, el primero, que quedó muy bueno. En el segundo, Sinatra no quiso ensayar más. Él estaba muy bien en esa época, ¡con muy buena voz! Luego, la edad va afectando las cuerdas vocales, quitándonos todo y desarmándonos de a poco. La vista empieza a fallar. El oído también. Todo. Recuerdo a Carlos Drummond de Andrade: "... y heme aquí presenciando mi decadencia, palmo a palmo, ya no me aflijo por convertirme en una llanura donde pisan los ciervos y los bueyes...".

Te gusta mucho la poesía...

Mi padre era literato, poeta, todo. Fui yo quien –tal vez por mi padrastro– me dediqué a la música para no convertirme en un literato. Eso habría puesto un poco celoso a mi padrastro. Por eso giré el barco en dirección norte-noreste.

Y conociste a Drummond...

Drummond me ayudó mucho. Siempre que podía, Drummond me defendía. Tengo muchos escritos de Drummond. Conoció a mi padre. Increíble, ¿verdad? Drummond fue un tipo fundamental para mí. Allí, en el *Jornal do Brasil*, siempre me defendió de los ataques que recibí.

Pero tienes una admiración por él que
es independiente de eso...

¡Una muy grande! Drummond me pidió que hiciera música para poemas suyos. Me sabía algunos poemas de memoria. Lo básico de Drummond lo sabía todo de memoria. Y cuando nos encontrábamos le recitaba algo. Lo cual es un poco patético: ¡yo recitando a Drummond al propio Drummond! Y él decía: "¿Sabes que no me sé nada de eso de memoria?". Era yo quien conocía su obra de memoria. Pero nunca me atreví a ponerle música a sus poemas, porque su poesía es tan completa, tan hermosa, que siempre tuve miedo de estropearlo todo. Otros hicieron música para esos poemas, pero yo no puedo.

Es muy peligroso ponerle música a la poesía. Incluso ese poema de Vinicius, el de los versos *"Que não seja inmortal, posto que é chama / Mas que seja infinito enquanto dure"* ["Que no sea inmortal, puesto que es llama / Pero que sea infinito mientras dure"], no logré musicalizarlo bien. Una vez Vinicius me pidió que le pusiera música a sus sonetos. Había otras personas que los estaban musicalizando y no le estaba gustando el resultado. Así que trabajé con el "Soneto da separação", con música prácticamente ausente, música de una sola nota. Así: *"De repente, do riso fez-se o pranto / Silencioso e branco como a bruma"* [De repente, de la risa se hizo el llanto / Silencioso y blanco como la bruma"] y un fondo musical muy discreto para no estorbar. Siempre tuve este escrúpulo, y se lo confesé a Drummond. Le dije: "Drummond, no lo hago porque no sé cómo hacerlo".

Recientemente le puse música a otros poemas, algunos con mucha facilidad, como fue el caso de un poema de Manuel Bandeira que me encargó Olivia Hime, esposa de Francis Hime. "Trem de ferro". Pero eso ya es algo muy musical. ¡El original ya tiene música! Mientras que Drummond es más de la palabra. No es lo mismo que llegar y decir en secuencia: "¡El café con pan es muy bueno! ¡El café con pan es muy bueno! Café con pan…"[20]. Entonces se vuelve más difícil. Quizá algún día lo consiga. Por cierto, una vez un tipo vino a mi casa, hace unos cinco o seis años. Era Danilo Rocha, hijo de Daniel Rocha, quien se encarga de mis contratos. Danilo me dijo: "Mire, hay un caballero que le está poniendo música al 'Soneto da Separação', de Vinicius, el que usted ya musicalizó. Y él le está pidiendo permiso para ponerle música también". Le dije: "Tiene todo el derecho. No me corresponde a mí decir que no…". Y el tipo hizo la música que quiso, que, por cierto, no conozco. Ese poema de Bandeira llamado "Trem de ferro" tiene un montón de musicalizaciones diferentes.

Otra pasión literaria tuya es Guimarães Rosa.

Completamente. Guimarães Rosa está en mi obra. Por cierto, lamentablemente, no se puede encontrar el disco *Matita Peré* para comprar. Grabaron los otros discos en CD y se olvidaron de *Matita Perê*, que es muy brasileño. ¡Muy brasileño y muy Guimarães!

¿Cuándo se conocieron? ¿Fue en 1956, en el lanzamiento de* Grande Sertão: Veredas*?

---

20. Esto es una cita del poema "Trem de ferro" (1936), de Manuel Bandeira (1886-1968).

¡No! En aquella época intenté leer *Grande Sertão* y no pude porque era denso, pesado. Después, se convirtió en miel sobre hojuelas. ¡Se convirtió en mi hogar! Desde que era un niño que camino por los montes. Conozco personalmente todos esos animales de los que habla Guimarães. Sé imitarlos. Estudié mucho la flora y la fauna brasileña. ¡Más la fauna, para saber de los habitantes de esta isla llamada Brasil!

***Cuéntanos un poco sobre lo que conoces
de la fauna brasileña.***

Brasil tiene una fauna muy particular. Sabes que en Centroamérica, a finales del Oligoceno, en el tardío Oligoceno, la tierra se hundía y los animales no podían pasar de Norteamérica a Sudamérica. Esto generó una fauna muy especial en el sur del continente. Es una fauna similar a la que existe en Australia, con ausencia de grandes mamíferos y abundancia de marsupiales, animales que tienen una bolsa externa en la panza, donde ponen a sus crías. Aquí tenemos a la zarigüeya. En Australia, el canguro. Y hay muchos marsupiales en Brasil. Todo aquí nada, vuela o trepa. Dicen que principalmente trepa. Son trepadores de primera categoría. La falta de tierra firme hace que cualquier tipo de animal en Brasil sea capaz de nadar, o volar, o treparse a los árboles. Como los papagayos y todas esas variedades de monos. Esto ocurre, dicen, por la ausencia de tierra firme. Ocurre incluso con los gatos brasileños, inclusive con los grandes felinos como el jaguar. Trepan por todas partes y saben nadar y pescar. El yaguareté, que es el verdadero jaguar, el pintado, nada y pesca. Fíjate en el Pantanal: todo el territorio es agua, todo se convierte en agua. Cuando lo ves desde un avión, parece un mar de verdad.

¿Y qué conoces de la flora brasileña?

He estudiado mucho la fauna. Pero también conocí a mucha gente interesante en Brasil que conoce bien las hierbas, especialmente las medicinales. Es un mundo increíble. Me puse muy triste porque Nero murió, es decir, Lourival de Freitas, que era un brujo increíble, ¡lo sabía todo! Y siempre hablábamos sobre escribir un libro. Le decía que teníamos que escribir sobre la flora brasileña. Un libro difícil que nunca hicimos y que mi hijo, Paulo Jobim, estuvo algunas veces por comenzar junto con él.

No hay un buen libro sobre las hierbas brasileñas, especialmente las amazónicas. ¡Lo curan todo! ¡Curan la cirrosis, curan el cáncer, curan todo! Estas plantas, como sabes, son importadas por Suiza y los Estados Unidos. Estos países están descubriendo cosas increíbles sobre el poder curativo de esas hierbas de los grandes árboles. Hoy en día, en la Mata Atlántica, estos árboles son raros, pero en la Amazonia todavía hay muchos árboles gigantescos. Y tienen estas resinas que hacen de todo. Ahora dicen en la televisión que esas hierbas acaban con el colesterol. ¡Limpian todo, todo! ¡Curan todo! Curan la malaria. Y los indios lo sabían.

Esto de destruir la selva amazónica para hacer carbón vegetal es el peor uso que se le puede dar a la madera. Quemar madera de ley, madera preciosa, para hacer carbón. Vi las películas. En Estados Unidos pasan muchas películas sobre la Amazonia destruida. Ves un sendero dentro de la selva. Es un tajo ancho, hecho solo con esos hornos de *tabatinga*[21], quemando maderas. Todas las maderas, incluidas las nobles. Incluso la madera de ley, que era la que los portugueses enviaban a la Corona. En la colonia era así: los brasileños no podían quedarse con las maderas de ley. Había que mandarlas a Portugal, la capital del reino.

Cuéntame un poco de la dictadura militar de los años setenta en Brasil. ¿Sabías que tu nombre, curiosamente, no figura en los archivos del DOPS, la policía de la dictadura militar?

---

21. Vocablo indígena del idioma tupí, utilizado en Brasil para referirse a cierto tipo de barro blanco o blanquecino abundante en el fondo de algunos ríos.

¿No? ¡Pero estuve preso!

**Parece que les contaste a los policías
que tenías una necesidad vital de aire
acondicionado, ¿es cierto eso?**

Fue casi así. Les dije a los policías que me detuvieron: "Vamos a conversar. Sé que algunas de las mejores canciones se escribieron en la cárcel, pero yo prefiero escribir las mías en casa. O en el avión, si no hay otra forma, porque volamos mucho...".

¿Cómo te llevaron detenido?

De repente llegó un papel aquí en casa diciendo: "Usted está invitado a concurrir al Departamento de Operaciones...". Y abajo venía la palabra "citado". Alguien había tachado la palabra "invitado" y así quedé "citado" a concurrir a dicho lugar a la hora y el día tal. Tuve que presentarme varias veces ante la policía política, en la plaza Marechal Âncora. Y fue curioso, porque yo estaba detenido allí, en un cuarto y en el piso de abajo había una sala del Museo de la Imagen y el Sonido que se llamaba Sala Maestro Antônio Carlos Jobim [risas]. ¡Imagínate! Una sala en mi honor allí abajo, y yo preso en el piso de arriba. Hubo un policía que se dio cuenta de eso. Se acercó a mí y me dijo: "¿Sabe que hay una sala aquí abajo con su nombre?" Le dije: "¿Ah, sí? Fue Ricardo Cravo Albim quien bautizó esa sala con mi nombre en el Museo.

Muchos compositores fueron detenidos en esa época...

Muchos fueron citados a la policía para responder a los interrogatorios, pero solo algunos fueron detenidos después de responder a las preguntas, como fue el caso de Caetano Veloso y Gilberto Gil. No quedaron satisfechos con los interrogatorios y los tuvieron presos durante meses, sin saber exactamente cuáles eran las acusaciones. La cosa fue terrible. El secretario de la policía dactilografiaba ese papel y después que lo recibías estabas perdido. Podía pasar cualquier cosa. Eras citado a comparecer... ¡Era horrible!

¿Hablabas de esto con tus amigos?

Más que eso. Chico Buarque siempre me decía: "Mira, recibí otra intimidación". Porque la cosa era realmente intimidante. Uno era intimidado a comparecer. Pero después lo mío se resolvió de una manera muy brasileña. El secretario de la policía me llamó y me dijo: "Mire, usted no va a querer meterse con la policía. No va a ser bueno para usted. Relacionarse con la policía no es bueno. Le voy a dactilografiar algo aquí…". Y así siguió hablando conmigo y escribiendo a máquina esa hoja. Ya me lo sabía de memoria. Cuando terminó, me dijo: "Mire, firme aquí abajo… Este papel dice que usted no tuvo la intención…". Este detalle de la "intención" es muy importante.

¿Te hiciste rico durante tu carrera?

No. Aunque solo el éxito de canciones como "Garota de Ipanema" ya debería haber bastado para hacerme rico. Resulta que gano menos de un *cent* cuando se vende un disco con la grabación de "Garota de Ipanema", porque les cedí las canciones a las discográficas. Y cuando haces eso, ellos se llevan la tajada más grande. Y luego vienen los impuestos y todo lo demás.

Los herederos de Vinicius saben todo esto porque reciben los derechos de "Garota de Ipanema", así como mis herederos y yo. Porque ya estoy con mis herederos en vida. Mis herederos ya están presentes en la partición. Es solo ver el caso de Villa-Lobos, que tiene más de dos mil *copyrights*. Pero es conocido por la letanía de la "Bachiana Brasileira n.º 5".

**Pero hay mucha gente que dice que
te hiciste rico…**

La prensa nunca dice que un hombre realmente rico es rico. Los periódicos dicen que Gal Costa es rica, que Tom Jobim, Chico Buarque y Caetano Veloso son ricos. Es un chiste, dada la realidad actual. Incluso porque, como los derechos de autor no se cobran de forma eficiente en Brasil, tenemos que arreglárnosla, tenemos que hacer circo, trabajar en espectáculos. Lo que quiero es que todo el mundo trabaje y que cada uno haga su parte. Brasil no puede estar patas para arriba y el pueblo temeroso de las autoridades. ¡La gente tiene que amar a la policía! ¿Cómo? ¡La gente le tiene miedo de la policía! Así que todo está invertido. No puede haber este tipo de inversión. Cuando comenté esta total inversión de valores en Brasil, la prensa brasileña habló horrores de mí y me acusó de hablar mal de Brasil en el extranjero. ¡Imagínate, yo hablando mal de Brasil en el extranjero! ¡Nunca! Si tengo algo que criticar, se lo digo aquí mismo, a los brasileños.

**¿Ves luz al final del túnel ahora que se acerca
el cambio de siglo?**

Este fin de siglo está duro, medio apocalíptico. Es como de la Biblia: "Del 2000 no pasarás". Veo a Brasil muy triste. Soy brasileño y por eso hice música brasileña. Si yo fuera austriaco, sin duda habría hecho música austriaca. Pero noto algo muy negativo en nuestro comportamiento.

Es esta cosa del *miserere nobis*. La pobreza se reproduce increíblemente, creando problemas gravísimos. Como me dijo Oscar Niemeyer, una ciudad solo es buena hasta los 800 mil habitantes. Una ciudad con ocho millones de habitantes es ingobernable. ¿Cómo se puede tener agua, electricidad y alcantarillado para todos? ¡Esto es algo terrible! Sé que seguramente vendrá un mayor control de este aumento de la miseria, como ya lo hay en el primer mundo. En países como Francia, la población ya no está creciendo. Veo esperanza para Brasil. Pero no tenemos que arrasar con la vegetación para crear un desierto. Tenemos que detener la fabricación inútil de un desierto. No podemos llamar a eso progreso. Eso no es progreso, es destrucción. Y ya tenemos agujeros en la capa de ozono. Ahora dicen que no se puede ir a la playa. ¡Esto es absurdo! Y toda esta química en los alimentos. Los animales están llenos de inyecciones. Creo que hemos llegado a tal punto que ahora tenemos que parar y resolver los problemas. ¿Quién aguanta más impuestos y más inflación? Cuantos más impuestos, más agujeros aparecen para ser tapados. Nadie puede soportar más esta inseguridad. Esta inflación que tenemos fue propiciada por el gobierno. Fue el gobierno quien la fabricó, acuñando dinero falso. Y por eso volvemos a quitar tres ceros. Ya he recortado 18 ceros del dinero en estos últimos cuatro o cinco años. ¡Son 18 ceros cortados! ¡Ya nadie aguanta más!

Creo que debemos acentuar lo positivo. El gobierno tiene que dejarnos trabajar. Y así todo el mundo trabajará. Debemos tener un dinero que se valore. Dicen que el lugar donde hay más monedas tiradas en la calle es Brasil. Este país tiene que dejar que las personas existan, que vivan. Y dejar de perseguir a las personas dignas. Estamos aquí con todos los bandidos sueltos, y perseguimos a los que trabajan. Por cada notita que escribo a las cinco de la mañana, recibo después un comentario inconveniente. Si yo fuera una persona que solo piensa en el dinero, nunca habría escrito las cosas que escribí.

Pero tengo esperanza de que todo mejore. Detesto la cultura del "no" que existe en Brasil. Pensemos en positivo, acabemos con la miseria. Es necesario mejorar las condiciones de vida de los brasileños ¡Porque nadie tiene lo suficiente! Y ahí vienen más impuestos. Es natural que esto provoque la indignación de la gente. El *miserere nobis* no es lo mío...

Hay algo que dijo Caetano que creo que es muy cierto: "Brasil tiene que merecer la *bossa nova*". El país necesita recuperarse, sanarse, estar bien, ir a la playa, casarse con una chica guapa, salir en el barquito con Menescal y Bôscoli... *"O barquinho vai e a tardinha cai... O amor se faz num barquinho, a navegar no macio azul do mar..."* ["El barquito va y la tardecita cae... El amor se hace en un barquito, navegando en la suavidad azul del mar...”]. En definitiva, Brasil necesita poder disfrutar de la *bossa nova*, como se le disfrutó en el extranjero.

Nota de los editores: agradecemos a Zuenir, Elisa y Mauro Ventura por habernos cedido gentilmente la entrevista reproducida en este volumen.

CRONOLOGÍA

| **1927** | El 27 de enero nace Antônio Carlos Brasileiro de Almeida Jobim en el barrio carioca de Tijuca. Hijo del poeta parnasiano Jorge Jobim y de la educadora Nilza Brasileiro de Almeida Jobim. |

| **1931** | Nace Helena Jobim, la única hermana de Tom. Durante la primera infancia, la familia se traslada a Ipanema. |

| **1935** | Muere su padre. |

| **1937** | Su madre se casa con Celso Frota Pessoa. |

| **1941** | Comienza a estudiar piano y armonía con el musicólogo alemán Hans-Joachim Koellreutter (1915-2005), quien introdujo la música dodecafónica en Brasil (ver índice onomástico). |

| **1946** | Entra a la Facultad de Arquitectura. Ese mismo año abandona la carrera para dedicarse integralmente a la música. |

| **1949** | En octubre, se casa con Thereza Hermanny. |

| **1950** | Nace su primer hijo, Paulo Jobim. |

| **1952** | Comienza a trabajar como arreglista para el sello Continental Discos. Conoce a Billy Blanco. |

| **1953** | Thereza y Tom alquilan el icónico apartamento 201 en la calle Nascimento Silva, 107. En abril del mismo año, se realiza la primera grabación de una canción

de su autoría: "Incerteza", compuesta en colaboración
con Newton Mendonça y grabada por Ernani Filho.

1954 Dick Farney y Lúcio Alves graban el primer éxito de
Tom, "Thereza da praia", compuesto en colaboración
con Billy Blanco. Más tarde, surge otra colaboración
entre ambos: *Sinfonia do Rio de Janeiro, a montanha,
o sol, o mar*, lanzada ese mismo año en formato
de LP, con orquestación de Radamés Gnattali.

1956 Comienza a trabajar como director artístico en
Continental Discos. Ese mismo año, Tom y Vinicius
de Moraes, a quien había conocido dos años antes,
inician su famosa colaboración. En una reunión en
el bar Villarino, Vinicius invita a Tom a musicalizar
la obra *Orfeu da Conceição*, que se estrena en el
Teatro Municipal en septiembre del mismo año.

1957 Nace su hija Elizabeth. Sylvia Telles graba el LP
Carícia, con cuatro composiciones de Tom. Compone
la banda sonora para un audiolibro de *El Principito*.

1958 Compone una canción para la película *Pista de
Grama*, de Haroldo Costa. Elizeth Cardoso (ver
índice onomástico) canta "Eu não existo sem você",
hasta entonces inédita, con João Gilberto en la
guitarra y Tom al piano. Ese mismo año, se lanza
el LP *Canção do amor demais*, en el que Elizeth
canta solo canciones de Tom y Vinicius. El disco
se considera el primer hito de la *bossa nova*. Poco
después se lanza el 78 rotaciones en el que João
Gilberto canta "Chega de saudade" y "Desafinado".

1959   Se lanzan tres LP fundamentales para la consolidación de su carrera como compositor: *Chega de saudade*, de João Gilberto, en el que participa como arreglista y director artístico; *Amor de gente moça*, de Sylvia Telles, que incluye nueve composiciones inéditas de Tom; *Por toda minha vida*, de Lenita Bruno, íntegramente conformado por colaboraciones entre Vinicius y Tom.

1960   Invitado por Carlos Thiré y Walter Arruda, Tom presenta el programa de televisión *O bom Tom*, del canal 5, de São Paulo. Ese mismo año compone *Brasília, sinfonia da Alvorada*, en colaboración con Vinicius de Moraes. Firma los arreglos y dirige el segundo LP de João Gilberto, *O amor, o sorriso e a flor*.

1962   Se estrena la película *Porto das Caixas*, de Paulo César Saraceni (ver índice onomástico), con banda sonora de Tom. Compone "Garota de Ipanema" con Vinicius. Se presenta en un espectáculo en Au Bon Gourmet, con Vinicius, João Gilberto y Os Cariocas. En noviembre, viaja a Estados Unidos por primera vez, para el concierto de *bossa nova* en el Carnegie Hall de Nueva York.

1963   Se lanza el álbum *Getz/Gilberto*, que une al saxofonista Stan Getz y João Gilberto, con Jobim al piano. El compacto de este LP resulta ser un gran éxito de ventas, dando a conocer su canción "Garota de Ipanema" en todo el mundo. También sale a la venta *Desafinado*, el primer álbum de Tom grabado en el extranjero, con arreglos de Claus Ogerman. El álbum es publicado por el prestigioso sello discográfico estadounidense Verve, dirigido entonces por Creed Taylor.

1964 Trabaja con Ray Gilbert en las versiones en inglés de sus canciones. Graba otro LP en Estados Unidos: *The Wonderful World of Antonio Carlos Jobim*, con arreglos de Nelson Riddle. En Brasil, Caymmi visita a Tom.

1965 Lanza *A Certain Mr. Jobim* (LP), otro trabajo con arreglos de Claus Ogerman.

1967 En enero, comienza a grabar el LP *Francis Albert Sinatra & Antonio Carlos Jobim*, con el famoso cantante norteamericano. Forma parte de la banda sonora de la película *Garota de Ipanema*, de Leon Hirszman. Ese mismo año, publica *Wave*, un álbum con el que inicia su colaboración con el productor Creed Taylor. Claus Ogerman sigue siendo el responsable de los arreglos.

1968 En el III Festival Internacional de la Canción, "Sabiá" (compuesta junto con Chico Buarque), gana el primer lugar. Parte del público que apoyaba la politizada "Pra não dizer que não falei das flores", abuchea la premiación.

1970 Nuevamente con producción de Creed Taylor, lanza *Tide* y *Stone Flower*. En estos LP, los arreglos y la dirección fueron de Eumir Deodato, con quien Jobim ya había trabajado el año anterior (en la banda sonora de la película *El mundo de los aventureros*, una producción internacional dirigida por Lewis Gilbert).

1971 Compone la banda sonora para la película *A casa assassinada*, de Paulo César Saraceni. Se lanza un nuevo disco de Frank Sinatra, con cinco composiciones de Jobim.

1973   Con arreglos de Claus Ogerman y Dorival Caymmi,
lanza *Matita Perê*. Nace su primer
nieto, Daniel, hijo de Paulo.

1974   Se lanza el LP *Elis & Tom*.

1975   Graba el LP *Urubu*, que sería lanzado al año siguiente.

1976   Conoce a la joven fotógrafa Ana Beatriz Lontra.
Nace su segunda nieta, Dora, hija de Paulo.

1977   Graba el primer LP con Miúcha. Participa en
la grabación en vivo del espectáculo realizado
junto a Vinicius, Toquinho y Miúcha en la casa
de espectáculos Canecão, de Río de Janeiro.

1978   Viaja a Nueva York con Ana Beatriz. En diciembre,
alquilan una casa en la calle Peri (Jardín Botánico, Río
de Janeiro), donde pasarán los próximos seis años.

1979   Graban el segundo LP con Miúcha (con participación
de Chico Buarque). Muere el padrastro de Tom,
Celso Frota Pessoa. Nace el primer hijo de su
unión con Ana Beatriz: João Francisco.

1980   Muere Vinicius de Moraes. Se lanza *Terra
Brasilis*, el último de sus seis LP con arreglos
y dirección de Claus Ogerman.

1981   Compone la banda sonora de la película *Eu te amo*,
de Arnaldo Jabor. Se publica el álbum *Edu & Tom*,
compuesto en colaboración con Edu Lobo.

1983   Compone la banda sonora de la película *Gabriela*, de Bruno Barreto, basada en la novela de Jorge Amado.

1984   Compone la banda sonora de *Fuente de saudade*, de Marco Altberg, película basada en la novela de su hermana Helena, y la de la miniserie *O tempo e o vento*, de la Rede Globo. Forma la Banda Nova, con Paulo Jobim (guitarra), Danilo Caymmi (flauta y voz), Jacques Morelenbaum (chelo), Tião Neto (bajo), Paulo Braga (batería), y un coro formado por: Ana Jobim, Elizabeth Jobim, Paula Morelenbaum, Maúcha Adnet y Simone Caymmi. Presenta, en TV Manchete, la serie de cinco programas *La música según Tom Jobim*, dirigida por Nelson Pereira dos Santos, en la que conversa con músicos como Radamés Gnattali, Chico Buarque, Gal Costa y la familia Caymmi.

1985   En marzo, actúa con la Banda Nova en el Carnegie Hall de Nueva York. En agosto, actúa en la inauguración del Festival de Montreaux, Suiza.

1986   Se casa com Ana Beatriz Lontra. Lanza el LP *Passarim*.

1987   Nace su segunda hija con Ana Beatriz, María Luiza Helena. Actúa en Estados Unidos con la Banda Nova, con la participación especial de Gal Costa. Este espectáculo se editó en disco con el título *Rio Revisited*.

1989   Fallece su madre Nilza.

1992   Actúa con la Banda Nova en España y Portugal. Se celebra un concierto que reúne a Jobim y João

Gilberto, con presentaciones en Río de Janeiro y
São Paulo. Casi tres décadas después de sus últimas
grabaciones conjuntas, João interpreta cuatro clásicos
con Jobim de nuevo al piano. Tiene el honor de
ser el homenajeado de la escuela de samba Estação
Primeira de Mangueira en el carnaval de ese año.

1993   Graba un especial con Milton Nascimento para la
TV Bandeirantes. El festival Free Jazz le realiza
un homenaje, con actuaciones en Río de Janeiro y
São Paulo, en las que participan Herbie Hancock,
Joe Henderson y Gal Costa, entre otros, además
del propio Jobim. En 1996, se editó una grabación
de estas presentaciones en CD con el título
Antonio Carlos Jobim and friends y, posteriormente,
en DVD con el título *An all-star tribute*.

1994   Publica su último álbum de estudio, *Antonio
Brasileiro*. Realiza un concierto con Pat Metheny y
Herbie Hancock en el Carnegie Hall. Viaja a París
con Gilda Mattoso, desde donde parten hacia
Jerusalén. En octubre, participa con su hijo en
la grabación del tema "Fly me to the moon", en
el disco *Duets II*, de Frank Sinatra. En diciembre,
muere en el Hospital Mount Sinai de Nueva York.

REFERENCIAS BIOGRÁFICAS

Alceu Bocchino

(1918-2010). Maestro, pianista e compositor curitibano. Fue uno de los fundadores de la Orquestra Sinfônica Nacional.

Aldir Blanc

(1946-2020). Letrista, compositor y cronista carioca. Llegó a componer más de 600 canciones, muchas de ellas en colaboración con el músico João Bosco. Entre ellas destaca la clásica "O bêbado e a equilibrista". Sus crónicas fueron compiladas en libros como *Rua dos artistas e arredores* y *Porta de tinturaria*.

Aloysio de Oliveira

(1914-1995). Compositor, cantante, locutor y productor musical carioca. Fue director artístico del sello Odeon. Entre otros, fue una figura clave en la internacionalización de la carrera de Carmen Miranda.

Antônio Maria

(1921-1964). Comentarista deportivo, cronista y compositor pernambucano. Compuso junto con Luís Bonfá el éxito "Manhã de carnaval".

Arthur Nestrovski

(1959). Compositor, guitarrista, ensayista y crítico musical gaucho.

Ary Barroso

(1903-1964). Compositor mineiro, figura fundamental de la música popular brasileña. Entre sus composiciones, desta-

can "Na baixa do sapateiro", "No tabuleiro da baiana" y "Aquarela do Brasil", con la que inauguró el género conocido como samba-exaltación. Estuvo nominado al Oscar por su canción "Rio de Janeiro", compuesta para la película *Brazil* (1944, Joseph Stanley).

Assis Valente

(1911-1958). Ilustrador y compositor bahiano. Compuso varias canciones para Carmen Miranda, incluyendo "Brasil pandeiro", que fue rechazada por ella, pero años después se transformó en un éxito en la interpretación de la banda Novos Baianos.

Astrud Gilberto

(1940). Cantante bahiana, considerada una de las grandes intérpretes de *bossa nova*.

Bené Nunes

(1920-1997). Actor, compositor y pianista carioca.

Billy Blanco

(1924-2011). Arquitecto, músico y compositor originario de Belém do Pará. Desarrolló su carrera musical principalmente en Río de Janeiro. Abordó el estilo de samba sincopado y llegó a componer junto con Tom Jobim, Baden Powell y João Gilberto.

Braguinha

Carlos Ferreira Braga, también conocido como João de Barro (1907-2006).

Prolífico compositor carioca. En 1937 llegó a escribir la lírica para el clásico samba-choro "Carinhoso", que Pixinguinha había compuesto veinte años antes.

Caetano Veloso

(1942). Músico bahiano, considerado uno de los más influyentes artistas brasileños. Fue uno de los impulsores del movimiento tropicalista. Escribió también *Verdade tropical* (1997), un contundente ensayo sobre cultura brasileña.

Cândido Rondon

(1865-1958). Militar brasileño que exploró diversas regiones de su país, principalmente de Mato Grosso y la Amazonía. Fue el primer director de la Oficina Brasileña de Protección del Indio (Funai). El estado de Rondônia lleva ese nombre en su honor.

Carlos Lyra

(1933). Cantante, compositor y guitarrista carioca. En su momento, fue considerado un activista de la *bossa nova*. Entre sus composiciones destacan "Você e eu" y "Coisa mais linda".

Carlos Scliar

(1920-2011). Ilustrador y escenógrafo gaucho. Realizó la escenografía de la obra *Orfeu da Conceição*, en 1956.

Carmem Miranda

(1909-1955). Cantante, bailarina y actriz luso-brasileña. Actuó con grand éxitoen los Estados Unidos entre las décadas de 1930 y 1950.

Chico Buarque

(1944). Considerado uno de los más grandes cantautores brasileños. Su carrera ha estado marcada por la canción lírica y política. Además de músico, es novelista.

Clarice Lispector

(1920-1977). Escritora y periodista brasileña, nacida en Ucrania. Consdierada una de las más importantes escritoras del siglo XX.

Claus Ogerman

(1930-2016). Compositor y arreglador alemán. Trabajó con grandes músicos brasileños, como Tom Jobim y João Donato.

Dalva de Oliveira

(1917-1072). Cantante y compositora paulista. Considerada una de las figuras más importantes del auge de la época radiofónica en Brasil. Participó en varios coros de discos de Carmen Miranda.

David Drew Zingg

(1923-2000). Fotógrafo y periodista norteamericano.

Dick Farney

Nombre artístico de Farnésio Dutra e Silva (1921-1987). Pianista, cantante y compositor carioca.

Djanira
(1914-1979). Pintora, escenógrafa y dibujante paulista.

Dolores Duran
(1930-1959). Cantante y compositora carioca. Fue una de las principales exponentes del género samba-canción, surgido en la década de 1930.

Dom Um Romão
(1925-2005). Baterista y percusionista carioca, uno de los más activos músicos de la *bossa nova.*

Dorival Caymmi
(1914-2008). Cantante y compositor bahiano de gran influencia en la música popular brasileña. Sus composiciones expresan, principalmente, la cultura, la idiosincrasia y el estilo de vida del estado de Bahía. Fue un gran referente para Tom Jobim y Vinicius de Moraes. Entre sus éxitos destacan "Saudade da Bahia", "Samba da mina terra", "Doralice" y "Maracangalha", interpretadas innumerables veces por artistas de generaciones posteriores.

Edu Lobo
(1943). Compositor, arreglista y guitarrista carioca de *bossa nova.* Entre sus composiciones destacan canciones realizadas en conjunto con Vinicius de Moraes y Chico Buarque.

Elis Regina
(1945-1982). Cantante gaucha, conside-rada una de las mayores intérpretes de la música brasileña.

Elizeth Cardoso
(1920-1990). Es considerada una de las más importantes cantantes brasileñas de la historia. Abordó diversos estilos, entre ellos choro, samba-canción y *bossa nova*. En 1958, grabó el disco *Canção do amor demais,* con composiciones de Tom Jobim y Vinicius de Moraes, además de la innovadora guitarra de João Gilberto. El disco se considera el hito inaugural de la *bossa nova.*

Érico Verissimo
(1905-1975). Escritor gaucho, autor de la trilogía *O tempo e o vento.*

Fernando Lobo
(1915-1996). Compositor, periodista y hombre de radio pernambucano.

Francisco Mignone
(1897-1966). Maestro, pianista y compositor paulista. Dirigió la Orquestra Sinfónica Nacional de Brasil.

Frank Sinatra
(1915-1998). Actor y cantante norteamericano, considerado uno de los mayores intérpretes de música popular de todos los tempos, con más de 150 millones de discos vendidos en todo el mundo.

Frans Krajcberg
(1921-2017). Pintor, fotógrafo y artista plástico polaco nacionalizado brasi-

leño. Su obra expresó una constante preocupación por el medioambiente.

Gal Costa

(1945-2022). Apodo de Maria das Graças. Cantante de Bahía. Tuvo su trayectoria marcada por la relación con el grupo de compositores que surgió en Salvador en la década de 1960. Fue una de las mayores exponentes del movimiento tropicalista.

Geraldo Vandré

(1935). Cantante y compositor paraibano, principal figura de lo que en Brasil se entendió como canción de protesta, hacia finales de la década de 1960.

Gilberto Gil

(1942). Cantante y compositor bahiano, expoente de la Tropicalia. Fue Ministro de Cultura durante los primeros gobiernos del presidente Lula.

Hans-Joachim Koellreutter

(1915-2005). Compositor y musicólogo alemán, nacionalizado brasileño. Participó de la fundación de la Escuela Libre de Música de São Paulo (1952) y de la Escuela de Música de la Universidad Federal de Bahía (1954). Fue uno de los nombres más influyentes de la vida musical del país durante el siglo XX.

Haroldo Barbosa

(1947). Compositor y cantante bahiano. En los años setenta creó el grupo Sá, Rodrix & Guarabyra.

Heitor Villa-Lobos

(1887-1959). Director de orquesta y compositor carioca. Una de las figuras más importantes de la música brasileña del siglo XX. Se le considera el responsable de haber explorado y desarrollado un lenguaje musical particular, con influencias eruditas europeas y populares brasileñas. También se le tiene como el mayor exponente musical del modernismo de su país (llegó a participar de la Semana de Arte de São Paulo de 1922). Una de sus obras más conocidas son las *Bachianas Brasileiras*.

Humberto Teixeira

(1915-1979). Avogado y compositor cearense radicado en Río de Janeiro. Compuso junto con Luiz Gonzaga algunos de los mayores clásicos de la música brasileña, como "Asa Branca" y "Baião".

Isaac Karabtchevsky

(1934). Maestro paulista. Dirigió la Orquestra Sinfônica Brasileira.

Jacob do Bandolim

(1918-1969). Compositor y bandolinista carioca, una de las figuras más importantes para el desarrollo del choro en la primera mitad del siglo XX. Entre sus composiciones destacan "Noites cariocas" y "Doce de coco".

Jaques Morelenbaum

(1954). Violonchelista, arreglador, productor y compositor carioca.

João Bosco
(1946). Cantante, guitarrista de estilo único y compositor mineiro de música popular brasileña.

João Donato
(1934). Pianista, acordeonista, arreglista, cantante y compositor brasileño. En sus composiciones fusiona jazz con música latina y afrocubana. Ha sido arreglista en discos de otros importantes músicos brasileños, como Gal Costa y Gilberto Gil.

Jorge Amado
(1912-2001). Escritor bahiano, uno de los más famosos y traducidos autores de la literatura brasileña.

José Medeiros
(1921-1990). Fotógrafo oriundo de Piauí, considerado uno de los mayores nombres del fotoperiodismo brasileiro.

Juscelino Kubitschek
(1901-1976). Médico y presidente de Brasil entre 1956 y 1961. Implementó una política desarrollista y de industrialización. Durante su mandato, se proyectó e implementó la construcción de Brasilia como la nueva capital del país. Anteriormente, fue alcalde de Belo Horizonte (1940-1945) y gobernador de Minas Gerais (1951-1955).

Leo Peracchi
(1911-1993). Maestro, arreglador y pianista pualista, considerado uno de los mayores orquestadores de la música popular brasileña.

Lindolfo Gaya
(1921-1987). Maestro y compositor brasileño, considerado uno de los mayores arregladores de su época.

Lúcio Alves
(1927-1993). Cantante y compositor mineiro. Fue uno de los nombres más reconocidos de la radiofonía a principios de la década de 1950.

Lúcio Costa
(1902-1998). Arquitecto y urbanista brasileño nacido en Francia. Pionero de la arquitectura moderna en Brasil. Entre las grandes obras modernistas de Costa destacan el Palacio Capanema (proyecto de 1935), en Río de Janeiro, y el plano piloto para construcción de Brasilia (proyecto de 1957). Fue director de la Escuela Nacional de Bellas Artes (ENBA), periodo en el cual influenció a otros grandes exponentes de la arquitectura brasileña, como Oscar Niemeyer.

Luiz Bonfá
(1922-2001). Cantante, guitarrista y compositor carioca. Se le considera uno de los primeros músicos que dieron vida a la bossa nova. Fue compositor, junto con Tom Jobim, de la banda sonora en la obra teatral *Orfeu da Conceição*, y posteriormente de la adaptación cinematográfica de Marcel Camus.

Lúcio Cardoso

(1912-1968). Escritor, dramaturgo, periodista, poeta y guionista mineiro. Es uno de los poetas que, junto con Vinicius de Moraes y otros, marcaron la poesía de la década de 1930 en Brasil, con un estilo intimista e introspectivo. Su obra literaria más reconocida es *Crônica da casa assassinada* (1959). Como dramaturgo, escribió obras que fueron representadas por el Teatro Experimental do Negro y como guionista escribió *Porto das Caixas* (Paulo César Saraceni, 1962), considerado el primer largometraje del Cinema Novo.

Lúcio Rangel

(1914-1979). Principal representante de una generación de periodistas que, entre las décadas de 1950 y 1960, se preocupó por analizar de manera sistemática los orígenes y la evolución de la música popular urbana en Brasil, yendo más allá de la mera crónica periodística.

Luiz Americano

(1900-1960). Compositor y clarinetista de Sergipe, considerado uno de los grandes nombres del choro.

Lyrio Panicalli

(1905-1984). Maestro, arreglador y pianista paulista.

Miúcha

(1937-2018). Cantante y compositora carioca, hermana de Chico Buarque.

Milton Nascimento

(1942). Cantante, compositor y guitarrista violonista carioca. Creció en Belo Horizonte, Minas Gerais, donde llegó a ser el nombre principal de la generación de músicos mineiros reunidos en torno al Clube da Esquina.

Monsueto

Monsueto Campos de Menezes (1924-1973). Cantante, compositor e instrumentista de samba carioca, además de actor y pintor. Escribió, junto con Arnaldo Passos, "Mora na filosofia", famosa en la interpretación de Caetano Veloso.

Nelson Riddle

(1921-1985). Arreglador y compositor norteamericano. Creó orquestaciones para artistas como Frank Sinatra, Ella Fitzgerald y Nat King Cole.

Newton Mendonça

(1927-1960). Pianista, guitarrista y compositor carioca. Fue uno de los primeros letristas de las canciones que dieron inicio a la *bossa nova*. Compuso junto con Tom Jobim, su amigo de infancia. Entre las composiciones más destacadas que resultaron de este trabajo conjunto, están "Desafinado" y "Samba de uma nota só".

Noel Rosa

(1910-1937). Cantante, guitarrista, mandolinista y compositor carioca de samba. Figura bohemia e inquieta, se destacó como un cronista de lo cotidiano, en composiciones que integraban el samba de los morros y el desarrollo en la ciudad. Entre sus creaciones destacan "Com que roupa?" y "Feitiço da Vila".

Nora Ney

(1922-2003). Cantante, compositora e instrumentista carioca, una de las más destacadas intérpretes del género samba-canción.

Orlando Silva

(1915-1978). Cantante carioca de éxito, principalmente, en la década de 1930.

Os Cariocas

Conjunto vocal creado en 1942 por Ismael Neto. En 1962, participó del show *Encontro*, en la *boate* carioca Au Bon Gourmet, al lado de Tom Jobim, Vinicius de Moraes, João Gilberto y los músicos Milton Banana (batería) e Otávio Bailly (bajo).

Oscar Castro Neves

(1940-2013). Compositor, arreglista, productor e instrumentista carioca. Desarrolló gran parte de su carrera en Estados Unidos, difundiendo la fusión musical *jazz-bossa nova*.

Oscar Niemeyer

(1907-2012). Arquitecto carioca. Fue el mayor nombre de la arquitectura modernista brasileña. Creó, junto con el urbanista Lúcio Costa, el plano piloto de Brasilia.

Os Mutantes

Banda formada por Rita Lee, Arnaldo Baptista y Sergio Dias, identificada con el movimiento tropicalista. Hasta hoy es considerada mundialmente una referencia del rock psicodélico.

Paulinho Soledade

(1919-1999). Compositor y productor de espectáculos paranaense.

Paulo César Pinheiro

(1949). Compositor y poeta carioca. Es uno de los mayores letristas de la música popular brasileña, con más de dos mil creaciones. Entre sus más de 120 compañeros de composición han estado Tom Jobim, Guinga, Baden Powell, Cristovão Bastos, Toquinho y Edu Lobo. En 2002, ganó el Grammy Latino en la categoría de Mejor Canción Brasileña.

Paulo César Saraceni

(1932-2012). Director, guionista y productor de cine carioca. Fue uno de los mentores del Cinema Novo, junto con Glauber Rocha y Nelson Pereira dos Santos.

Paulo Jobim

(1950-2022). Arreglador, guitarrista y arquitecto carioca. Acompañó a su padre, Tom Jobim, en la Banda Nova.

Pixinguinha

Alfredo da Rocha Viana Filho (1897-1973). Compositor, multiinstrumentista y director de orquesta carioca. Es una de las figuras más importantes de la música popular brasileña surgidas durante la primera mitad del sigo XX. Su trabajo es fundamental para el desarrollo del choro y lo que actualmente se entiende por él. Entre sus composiciones destacan la memorable "Carinhoso" (1917) y "Lamentos" (1928).

Radamés Gnatalli

(1906-1988). Compositor, arreglista y director de orquesta oriundo de Porto Alegre. En su trabajo, incorporó el jazz a composiciones populares brasileñas. Fue autor de los arreglos de orquesta en célebres canciones, como la interpretación de "Carinhoso" (Pixinguinha) de Orlando Silva y la grabación original de "Aquarela do Brasil" (Ary Barroso).

Ricardo Cravo Albin

(1940). Abogado, periodista, crítico y musicólogo bahiano. Se le considera uno de los mayores investigadores de la música popular brasileña.

Roberto Menescal

(1937). Músico nacido en Vitória, Espíritu Santo. Es considerado uno de los fundadores de la *bossa nova*. Entre sus canciones más reconocidas están "O barquinho" y "Nós e o mar", que compuso junto con Ronaldo Bôscoli.

Ronaldo Bastos

(1948). Compositor y productor musical brasileño. Ha coescrito canciones con Tom Jobim, Milton Nascimento, Caetano Veloso, entre otros. Sus composiciones han sido interpretadas por nombres como Chico Buarque, Elis Regina y Gal Costa. Participó activamente del Clube da Esquina, como productor y letrista.

Ronaldo Bôscoli

(1928-1994). Compositor, productor musical y periodista carioca. Compuso los clásicos de la bossa nova "O barquinho" y "Nós e o mar", junto con Roberto Menescal.

Rubem Braga

(1913-1990). Escritor originario del estado de Espíritu Santo, considerado uno de los mejores cronistas brasileños.

Sebastião Tapajós

(1942-2021). Guitarrista, compositor y docente paraense. A lo largo de su carrera tocó con Astor Piazzolla, Paquito D'Rivera, Hermeto Pascoal, Sivuca y Paulo Moura, entre otros.

Sérgio Porto

(1923-1968). Cronista, hombre de radio y humorista carioca.

Sérgio Ricardo

(1932-2020). Pianista y compositor paulista relacionado, principalmente, con el género *bossa nova*; no obstante, también compuso la banda sonora de las películas cinemanovistas *Deus e o Diabo na terra do sol* (1964) y *Terra em transe* (1967), de Glauber Rocha. Incursionó, además, como actor y director de cine.

Stan Getz

(1927-1991). Saxofonista norteamericano. Realizó trabajos en conjunto con Tom Jobim y João Gilberto, transformándose en un importante nombre para la divulgación de la *bossa nova* en el mundo.

Sylvinha Telles

(1934-1966). Cantante y compositora carioca. Se le considera una de las mejores voces de la *bossa nova*, aunque sus discos están fuera de catálogo.

Tom Zé

(1937). Músico bahiano del grupo tropicalista, uno de los más innovadores y creativos de su generación. Ha desarrollado una carrera marcada por la experimentación. Miembro de la Academia Paulista de Letras desde 2022.

Torquato Neto

(1948-1972). Poeta y letrista piauiense. Personaje clave en la propuesta poética y conceptual del movimiento tropicalista.

Vadico

(1910-1962). Compositor y painista paulista radicado en Río de Janeiro. Uno de los compañeros de Noel Rosa.

Vinicius de Moraes

(1913-1980). Poeta, diplomático, dramaturgo y compositor carioca. Uno de los mayores poetas brasileños del siglo XX y uno de los creadores del género *bossa nova*, desde la lírica.

Wynton Marsallis

(1961). Trompetista y compositor norteamericano, considerado uno de los grandes nombres del *jazz* de su geración.

DISCOGRAFÍA

1954
SINFONIA DO
RIO DE JANEIRO

Sello: Continental — LPA 1000
Autores: Tom Jobim
y Billy Blanco
Arreglos: Radamés Gnatalli

LADO A

1. A Montanha - o Sol - o Mar (Sinfonia Popular Em Tempo de Samba)
(Billy Blanco, Tom Jobim). Intérpretes: Nora Ney, Lúcio Alves, Os Cariocas,
Gilberto Milfont, Emilinha Borba, Dick Farney, Dóris Monteiro, Jorge Goulart,
Elizeth Cardoso
2. Arpoador (Tom Jobim, Billy Blanco)
3. Noites do Rio (Tom Jobim, Billy Blanco)

LADO B

1. O Samba de Amanhã (Tom Jobim, Billy Blanco)
2. Hino ao Sol (Tom Jobim, Billy Blanco)
3. Descendo O Morro (Billy Blanco, Tom Jobim)

1956
ORFEU DA CONCEIÇÃO

Sello: Odeon — MODB 3056
Arreglos: Tom Jobim
Guitarra: Luiz Bonfá
Voz: Roberto Paiva

Banda sonora de la obra de teatro.

LADO A
1. Um Nome de Mulher (Tom Jobim, Vinicius de Moraes)
2. Se Todos Fossem Iguais A Você (Tom Jobim, Vinicius de Moraes)
3. Mulher, Sempre Mulher (Tom Jobim, Vinicius de Moraes)
4. Eu e o Meu Amor (Tom Jobim, Vinicius de Moraes)

LADO B
1. Lamento No Morro (Tom Jobim, Vinicius de Moraes)
2. Ouverture (Tom Jobim, Vinicius de Moraes)
3. Monólogo de Orfeu (Vinicius de Moraes)
Recitado por Vinicius de Moraes

1958
O PEQUENO PRÍNCIPE

Sello: Festa - LPI 1005
Arreglos: Tom Jobim
Intérpretes: Paulo Autran (O Autor), Glória Cometh (O Pequeno Príncipe), Osvaldo Loureiro Filho (O Acendedor de Lampiões), Margarida Rey (A Serpente), Benedito Corsi (A Raposa) y Aury Cahet (A Rosa)

LADO A

1. O Pequeno Príncipe pt. 1 (Tom Jobim, Antoine de Saint-Exupéry)

LADO B

1. O Pequeno Príncipe pt. 2 (Tom Jobim, Antoine de Saint-Exupéry)

1959
ORFEU NEGRO

Sello: Philips - B 76.470 R
Productor: Sacha Godine
Arreglos: Tom Jobim
y Luiz Bonfá

Banda sonora de la película de
Marcel Camus.

LADO A
1. Generique (tradicional)
2. A Felicidade (Tom Jobim, Vinicius de Moraes)
3. Frevo (Tom Jobim)
4. O Nosso Amor (Antonio Carlos Jobim)
5. Manhã De Carnaval (Luiz Bonfá)
6. Scene Du Lever Du Soleil (Tom Jobim)

LADO B
1. Scenes De La Macumba (Tradicional)
2. O Nosso Amor (Tom Jobim)
3. Manhã De Carnaval (Luiz Bonfá)
4. Samba De Orfeu (Antonio Maria, Luiz Bonfá)

1961
BRASÍLIA
SINFONIA DA ALVORADA

Sello: Columbia - LPCB 33001
Arreglos: Tom Jobim
Texto: Vinicius de Moraes
Coro: Dante Martinez, bajo
dirección de Roberto de Regina

LADO A

1. O Planalto Deserto (Tom Jobim, Vinicius de Moraes)
2. O Homem (Tom Jobim, Vinicius de Moraes)
3. A Chegada dos Candangos (Tom Jobim, Vinicius de Moraes)

LADO B

1. O Trabalho e a Construção (Tom Jobim, Vinicius de Moraes)
2. Coral (Tom Jobim, Vinicius de Moraes)

1963
ANTONIO CARLOS JOBIM
THE COMPOSER OF
DESAFINADO PLAYS

Sello: Verve - V6-8547
Productor: Creed Taylor
Arreglos: Claus Orgeman

LADO A
1. Garota de Ipanema (Tom Jobim, Vinicius de Moraes)
2. O Amor Em Paz (Tom Jobim, Vinicius de Moraes)
3. Água de Beber (Tom Jobim, Vinicius de Moraes)
4. Vivo Sonhando (Dreamer) (Tom Jobim, adpt. Gene Lees)
5. O Morro Não Tem Vez (Tom Jobim, Vinicius de Moraes)
6. Insensatez (Tom Jobim, Vinicius de Moraes)

LADO B
1. Corcovado (Tom Jobim)
2. Samba de Uma Nota Só (Tom Jobim, Newton Mendonça)
3. Meditação (Tom Jobim, Newton Mendonça)
4. Só Danço Samba (Tom Jobim, Vinicius de Moraes)
5. Chega de Saudade (Tom Jobim, Vinicius de Moraes)
6. Desafinado (Tom Jobim, Newton Mendonça)

1964
THE WONDERFUL WORLD OF ANTÔNIO CARLOS JOBIM

Sello: Warner - WS-1611
Productor: Jimmy Hilliard
Arreglos: Melson Riddle

LADO A

1. Ela É Carioca (She's A Carioca) (Tom Jobim, Vinicius de Moraes, adpt. Ray Gilbert)
2. Água de Beber (Water To Drink) (Tom Jobim, Vinicius de Moraes, adpt. Norman Gimbel)
3. Surfboard (Tom Jobim)
4. Inútil Paisagem (Useless Landscape) (Tom Jobim, Aloysio de Oliveira, adpt. Ray Gilbert)
5. Só Tinha de Ser Com Você (This Love That I've Found) (Tom Jobim, Aloysio de Oliveira, adpt. Ray Gilbert)
6. A Felicidade (Tom Jobim, Vinicius de Moraes)

LADO B

1. Bonita (Tom Jobim, adpt. Ray Gilbert)
2. Favela (Tom Jobim, Vinicius de Moraes)
3. Valsa do Porto das Caixas (Tom Jobim)
4. Samba do Avião (Song Of The Jet) (Tom Jobim, adpt. Gene Lees)
5. Por Toda A Minha Vida (Tom Jobim, Vinicius de Moraes)
6. Dindi (Tom Jobim, Aloysio de Oliveira, adpt. Ray Gilbert)

1964
CAYMMI VISITA TOM

Sello: Elenco - ME 17
Productor: Aloysio de Oliveira
Músicos: Tom Jobim (piano), Dori Caymmi (guitarra), Danilo Caymmi (flauta), Sergio (contrabajo), Edison Machado y Dom Um Romão (batería)

LADO A
1. Das Rosas (Dorival Caymmi)
2. Só Tinha de Ser Com Você (Tom Jobim, Aloysio de Oliveira)
3. Inútil Paisagem (Tom Jobim, Aloysio de Oliveira). Intérprete: Nana Caymmi
4. Vai de Vez (Roberto Menescal, Luis Fernando Freire)
5. Canção da Noiva (Dorival Caymmi). Intérprete: Stela Caymmi

LADO B
1. Saudade da Bahia (Dorival Caymmi)
2. Tristeza de Nós Dois (Durval Ferreira, Maurício Einhorn, Bebeto Castilho).
Intérprete: Nana Caymmi
3. Berimbau (Baden Powell, Vinicius de Moraes)
4. Sem Você (Tom Jobim, Vinicius de Moraes). Intérprete: Nana Caymmi

1967
A CERTAIN MR. JOBIM

Sello: Warner - WS-1699
Productor: Ray Gilbert
Arreglos: Claus Ogerman

LADO A

1. Bonita (Tom Jobim, adpt. Ray Gilbert)
2. Se Todos Fossem Iguais A Você (Tom Jobim, Vinicius de Moraes)
3. Desafinado (Off Key) (Tom Jobim, Newton Mendonça, adpt. Gene Lees)
4. Fotografia (Photograph) (Tom Jobim, adpt. Ray Gilbert)
5. Surfboard (Tom Jobim)

LADO B

1. Outra Vez (Once Again) (Tom Jobim, adpt. Jon Hendricks, adpt. Jessie Cavanaugh)
2. Esperança Perdida (I Was Just No More For You) (Tom Jobim, Billy Blanco,
adpt. Ray Gilbert)
3. Estrada do Sol (Tom Jobim, Dolores Duran)
4. Por Causa de Você (Don't Ever Go Away) (Tom Jobim, Dolores Duran, adpt. Ray Gilbert)
5. Zingaro (Tom Jobim)

1967
FRANCIS ALBERT SINATRA & ANTÔNIO CARLOS JOBIM

Sello: Reprise - FS-1021
Productor: Sonny Burke y
Ray Gilbert
Arreglos: Claus Ogerman

LADO A
1. Garota de Ipanema (The Girl From Ipanema) (Tom Jobim, Vinicius de Moraes, adpt. Norman Gimbel)
2. Dindi (Tom Jobim, Aloysio de Oliveira, adpt. Ray Gilbert)
3. Change Partners (Irving Berlin)
4. Corcovado (Quiet Nights) (Tom Jobim, adpt. Gene Lees)
5. Meditação (Meditation) (Tom Jobim, Newton Mendonça, adpt. Norman Gimbel)

LADO B
1. Inútil Paisagem (Useless Landscape) (Tom Jobim, Aloysio de Oliveira, adpt. Ray Gilbert)
2. Insensatez (How Insensitive) (Tom Jobim, Vinicius de Moraes, adpt. Norman Gimbel)
3. I Concentrate On You (Cole Porter)
4. Baubles, Bangles And Beads (Aleksandr Borodin, Robert Wright, George Forrest)
5. O Amor Em Paz (Once I Loved) (Tom Jobim, Vinicius de Moraes, adpt. Ray Gilbert)

1967
GAROTA DE IPANEMA

Sello: Phillips - R 765.022 L
Productor: Vinicius de Moraes
Arreglos: Tom Jobim y
Eumir Deodato

Banda sonora de la película de
Leon Hirszman.

LADO A

1. Noite dos Mascarados (Chico Buarque).
Intérpretes: Elis Regina y Chico Buarque
2. Lamento No Morro (Tom Jobim, Vinicius de Moraes). Intérprete: Nara Leão
3. Surfboard (Tom Jobim)
4. Ela É Carioca (Tom Jobim/Vinicius de Moraes) Intérprete: Tamba Trio
5. Poema dos Olhos da Amada (Paulo Soledade, Vinicius de Moraes).
Intérprete: Vinicius de Moraes
6. A Queda (Tom Jobim)

LADO B

1. Tema de Abertura (Garota de Ipanema) (Tom Jobim, Vinicius de Moraes)
2. Por Você (Vinicius de Moraes, Francisco Enoé). Intérprete: Ronnie Von
3. Chorinho (Chico Buarque). Intérprete: Chico Buarque
4. Ária Para Se Morrer de Amor (Vinicius de Moraes). Intérprete: Baden Powell
5. Rancho das Namoradas (Ary Barroso, Vinicius de Moraes) Intérpretes:
MPB-4 y Quarteto Em Cy
6. Tema da Desilusão (Garota de Ipanema) (Tom Jobim, Vinicius de Moraes)

1967
WAVE

Sello: CTI A&M - SP 3002
Productor: Creed Taylor
Arreglos: Claus Ogerman

LADO A
1. Wave (Tom Jobim)
2. The Red Blouse (Tom Jobim)
3. Look To The Sky (Tom Jobim)
4. Batidinha (Tom Jobim)
5. Triste (Tom Jobim)

LADO B
1. Mojave (Tom Jobim)
2. Diálogo (Tom Jobim)
3. Lamento (Tom Jobim, Vinicius de Moraes)
4. Antigua (Tom Jobim)
5. Captain Bacardi (Tom Jobim)

1970
TIDE

Sello: CTI A&M — SP 3031
Productor: Creed Taylor
Arreglos: Elmir Deodato

LADO A

1. Garota de Ipanema (Tom Jobim, Vinicius de Moraes)
2. Carinhoso (Pixinguinha, João de Barro)
3. Tema Jazz (Tom Jobim)
4. Sue Ann (Tom Jobim)
5. Remember (Tom Jobim)

LADO B

1. Tide (Tom Jobim)
2. Takatanga (Tom Jobim)
3. Caribe (Tom Jobim)
4. Rockanalia (Tom Jobim)

1970
STONE FLOWER

Sello: Odeon - MOFB-3604
Productor: Creed Taylor
Arreglos: Eumir Deodato

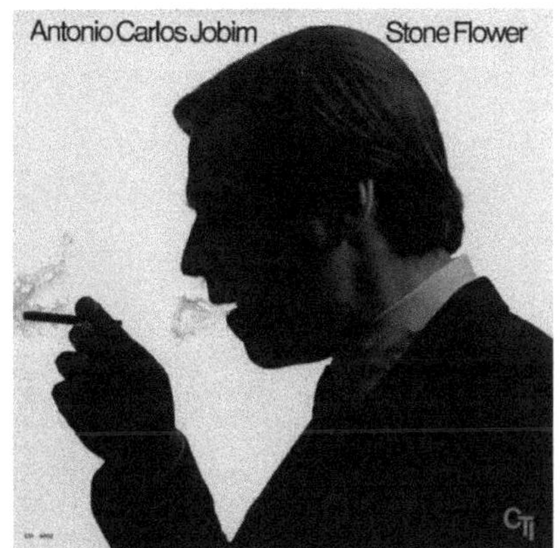

LADO A
1. Tereza My Love (Tom Jobim)
2. Children's Games (Tom Jobim)
3. Choro (Garoto) (Tom Jobim)
4. Aquarela do Brasil (Ary Barroso)

LADO B
1. Stone Flower (Quebra-Pedra) (Tom Jobim)
2. Amparo (Tom Jobim)
3. Andorinha (Tom Jobim)
4. Entre a Cruz e a Caldeirinha (God And The Devil In The Land Of The Sun)
(Tom Jobim)
5. Sabiá (Tom Jobim, Chico Buarque)

1971
SINATRA & JOBIM

Sello: Reprise - W7 1028
Productor: Sonny Burke
Arreglos: Eumir Deodato

LADO A

1. Drinking Water (Agua De Beber) (Tom Jobim, Vinicius de Moraes, adpt. Norman Gimbel)
2. Someone To Light Up My Life (Tom Jobim, Vinicius de Moraes, adpt. Gene Lees)
3. Triste (Tom Jobim)
4. Don't Ever Go Away (Por Causa De Voce) (Tom Jobim, Dolores Duran, adpt. Ray Gilbert)

LADO B

1. This Happy Madness (Estrada Branca) (Tom Jobim, Vinicius de Moraes, adpt. Gene Lees)
2. Wave (Tom Jobim)
3. One Note Samba (Samba De Uma Nota So) (Antonio Carlos Jobim, Newton Mendonça)
4. Off Key (Desafinado) (Tom Jobim, Newton Mendonça)
5. Nuvens Douradas (Tom Jobim)

1973
MATITA PERÊ

Sello: Phillips - 6349 071
Arreglos: Claus Ogerman

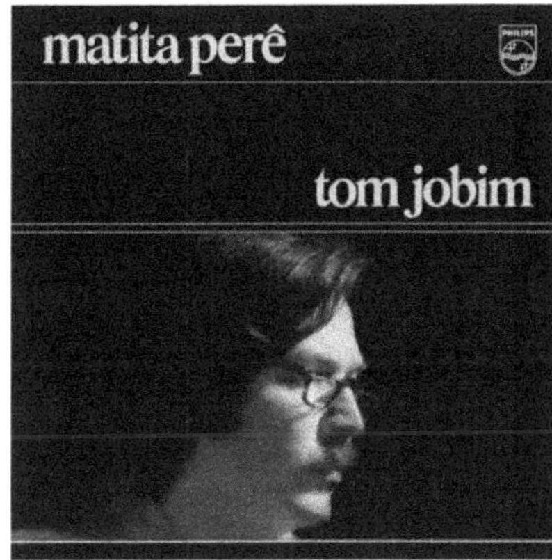

LADO A
1. Águas de Março (Tom Jobim)
2. Ana Luiza (Tom Jobim)
3. Matita Perê (Tom Jobim, Paulo César Pinheiro)
4. Tempo Do Mar (Tom Jobim)

LADO B
1. Mantiqueira Range (Paulo Jobim, Ronaldo Bastos)
2. Crônica da Casa Assassinada (Chronicle Of The Murdered House)
(Tom Jobim)
A - Trem para Cordisburgo (Train to Cordisburgo); B - Chora coração (Cry,
heart) (Tom Jobim-Vinicius de Morais); C - Jardim abandonado (Abandoned
garden); D - Milagre e palhaços (Miracle and clowns)
3. Um Rancho nas Nuvens (A Ranch In The Clouds) (Tom Jobim)
4. Nuvens Douradas (Tom Jobim)

1974
ELIS & TOM

Sello: Phillips - 6349 112
Productor: Aloysio de Oliveira
Arreglos: César Camargo Mariano
y Tom Jobim
Intérpretes: Elis Regina y
Tom Jobim

LADO A

1. Águas de Março (Tom Jobim)
2. Pois É (Tom Jobim, Chico Buarque)
3. Só Tinha de Ser Com Você (Tom Jobim, Aloysio de Oliveira)
4. Modinha (Tom Jobim, Vinicius de Moraes)
5. Triste (Tom Jobim)
6. Corcovado (Tom Jobim)
7. O Que Tinha de Ser (Tom Jobim, Vinicius de Moraes)

LADO B

1. Retrato Em Branco E Preto (Tom Jobim, Chico Buarque)
2. Brigas Nunca Mais (Tom Jobim, Vinicius de Moraes)
3. Por Toda A Minha Vida (Tom Jobim, Vinicius de Moraes)
4. Fotografia (Tom Jobim)
5. Soneto da Separação (Tom Jobim, Vinicius de Moraes)
6. Chovendo Na Roseira (Tom Jobim)
7. Inútil Paisagem (Tom Jobim, Aloysio de Oliveira)

1976
URUBU

Sello: WEA - BR 36.000
Arreglos: Claus Ogerman

LADO A

1. Boto (Tom Jobim, Jararaca)
Participación: Miúcha
2. Ligia (Tom Jobim)
3. Correnteza (Tom Jobim, Luiz Bonfá)
4. Ângela (Tom Jobim)

LADO B

1. Saudade Do Brasil (Tom Jobim)
2. Valse (Paulo Jobim)
3. Arquitetura de Morar (Tom Jobim)
4. O Homem (Tom Jobim, Vinicius de Moraes)

1977
MIÚCHA &
ANTONIO CARLOS JOBIM

Sello: RCA Victor - 103.0213
Productor: Aloysio de Oliveira
Arreglos: Tom Jobim

LADO A

1. Vai Levando (Chico Buarque, Caetano Veloso). Participación: Chico Buarque
2. Tiro Cruzado (Nelson Ângelo, Márcio Borges)
3. Comigo É Assim (Luis Bittencourt, Zé Menezes)
4. Na Batucada da Vida (Ary Barroso, Luis Peixoto)
5. Sei Lá (A Vida Tem Sempre Razão) (Toquinho, Vinicius de Moraes).
Participación: Chico Buarque
6. Olhos Nos Olhos (Chico Buarque)

LADO B

1. Pela Luz Dos Olhos Teus (Vinicius de Moraes)
2. Samba do Avião (Tom Jobim)
3. Saia do Caminho (Custódio Mesquita, Evaldo Ruy)
4. Maninha (Chico Buarque). Participación: Chico Buarque
5. Choro de Nada (Eduardo Souto Neto, Geraldo Carneiro)
6. É Preciso Dizer Adeus (Tom Jobim, Vinicius de Moraes)
7. Cansada de Esperar (Ciro Vagareza, Sidney da Conceição)

1977
TOM / VINICIUS / TOQUINHO / MIÚCHA - GRAVADO AO VIVO NO CANECÃO

Sello: Som Livre - 403.6142
Productor: Aloysio de Oliveira
Arreglos: Edson Frederico

LADO A
1. Pot-pourri: Estamos Aí (Tom Jobim, Vinicius de Moraes), Dia da Criação (Vinicius de Moraes), Tarde Em Itapoã (Toquinho, Vinicius de Moraes), Gente Humilde (Garoto (Garoto, Vinicius de Moraes, Chico Buarque)
2. Carta Ao Tom (Toquinho, Vinicius de Moraes), Carta do Tom (Tom Jobim, Chico Buarque)
3. Corcovado (Tom Jobim)
4. Wave (Tom Jobim)
5. Pela Luz Dos Olhos Teus (Vinicius de Moraes)

LADO B
1. Saia do Caminho (Custódio Mesquita, Evaldo Ruy)
2. Samba Pra Vinicius (Toquinho, Chico Buarque), Vai Levando (Chico Buarque, Caetano Veloso)
3. Água de Beber (Tom Jobim, Vinicius de Moraes), Garota de Ipanema (Tom Jobim, Vinicius de Moraes), Sei Lá (A Vida Tem Sempre Razão) (Toquinho, Vinicius de Moraes)
4. Minha Namorada (Carlos Lyra, Vinicius de Moraes)
5. Chega de Saudade (Tom Jobim, Vinicius de Moraes), Se Todos Fossem Iguais A Você (Tom Jobim, Vinicius de Moraes), Estamos Aí (Tom Jobim, Vinicius de Moraes)

1979
MIÚCHA & TOM JOBIM

Sello: RCA Victor - 103.0314
Productor: Aloysio de Oliveira
Arreglos: João Donato y
Oscar Castro Neves

LADO A

1. Turma do Funil (No Baixo Leblon) (Mirabeau, Milton de Oliveira, Urgel de Castro, adpt. Tom Jobim y Chico Buarque)
Participación: Chico Buarque
2. Triste Alegria (Miúcha)
3. Aula de Matemática (Tom Jobim, Marino Pinto)
4. Sublime Tortura (Bororó)
5. Madrugada (Candinho, Marino Pinto)
6. Samba do Carioca (Carlos Lyra, Vinicius de Moraes)

LADO B

1. Falando de Amor (Tom Jobim)
2. Nó Cego (Toquinho, Cacaso)
3. Dinheiro Em Penca (Tom Jobim, Cacaso). Participación: Chico Buarque

**1980
TERRA BRASILIS
(DISCO 1)**

Sello: WEA - BR 36.138/9
Productor: Aloysio de Oliveira
Arreglos: Claus Ogerman

LADO A

1. Vivo Sonhando (Dreamer) (Tom Jobim, adpt. Gene Lees)
2. Canta, Canta Mais (Tom Jobim, Vinicius de Moraes)
3. Olha Maria (Tom Jobim, Vinicius de Moraes, Chico Buarque)
4. Samba de Uma Nota Só (Tom Jobim, Newton Mendonça)
5. Dindi (Tom Jobim, Aloysio de Oliveira, adpt. Ray Gilbert)

LADO B

1. Corcovado (Quiet Nights) (Tom Jobim, adpt. Gene Lees)
2. Marina Del Rey (Tom Jobim)
3. Desafinado (Off Key) (Tom Jobim, Newton Mendonça, adpt. Gene Lees)
4. Você Vai Ver (Tom Jobim). Participación: Ana Jobim
5. Estrada do Sol (Tom Jobim, Dolores Duran)

1980
TERRA BRASILIS
(DISCO 2)

Sello: WEA - BR 36.138/9
Productor: Aloysio de Oliveira
Arreglos: Claus Ogerman

LADO A

1. Garota de Ipanema (The Girl From Ipanema) (Tom Jobim, Vinicius de Moraes, adpt. Norman Gimbel)
2. Chovendo Na Roseira (Tom Jobim)
3. Triste (Tom Jobim)
4. Wave (Tom Jobim)
5. Se Todos Fossem Iguais A Você (Tom Jobim, Vinicius de Moraes)

LADO B

1. Falando de Amor (Tom Jobim)
2. Two Kites (Tom Jobim)
3. Modinha (Tom Jobim, Vinicius de Moraes)
4. Sabiá (Tom Jobim, Chico Buarque)
5. Estrada Branca (Tom Jobim, Vinicius de Moraes)

1981
EDU E TOM
TOM E EDU

Sello: Polygram - 6328 378
Productor: Aloysio de Oliveira
Intérpretes: Edu Lobo y
Tom Jobim

LADO A
1. Ai Quem Me Dera (Tom Jobim, Marino Pinto)
2. Pra Dizer Adeus (Edu Lobo, Torquato Neto)
3. Chovendo Na Roseira (Tom Jobim)
4. Moto-Contínuo (Edu Lobo, Chico Buarque)
5. Ângela (Tom Jobim)

LADO B
1. Luiza (Tom Jobim)
2. Canção do Amanhecer (Edu Lobo, Vinicius de Moraes)
3. Vento Bravo (Edu Lobo, Paulo César Pinheiro)
4. É Preciso Dizer Adeus (Tom Jobim, Vinicius de Moraes)
5. Canto Triste (Edu Lobo, Vinicius de Moraes)

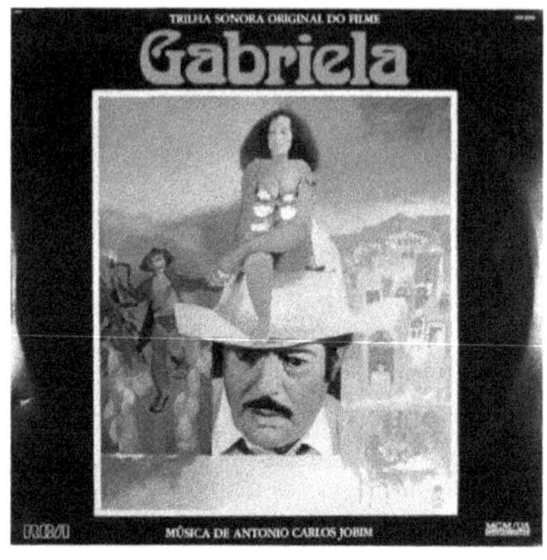

1983
GABRIELA
TRILHA SONORA DO FILME

Sello: RCA Victor - 103.0585
Arreglos: Oscar Castro Neves

Banda sonora de la película de Bruno Barreto adaptada de la obra original de Jorge Amado.

LADO A

1. Chegada dos Retirantes (Tom Jobim)
2. Tema de Amor de Gabriela (Tom Jobim).
Intérpretes: Gal Costa, Tom Jobim
3. Pulando Carniça (Tom Jobim)
4. Pensando Na Vida (Tom Jobim)
5. Casório (Tom Jobim). Intérpretes: Tom Jobim, Gal Costa

LADO B

1. Origem (Tom Jobim). Intérprete: Gal Costa
2. Ataque dos Jagunços (Tom Jobim)
3. Caminho da Mata (Tom Jobim)
4. Ilhéus (Tom Jobim)
5. Tema de Amor de Gabriela (Tom Jobim).
Intérpretes: Gal Costa, Tom Jobim

1983
PARA VIVER
UM GRANDE AMOR

Sello: CBS - 138.259
Dirección artística: Tom Jobim

Banda sonora de la película de
Miguel Faria Jr., adapatación de la
obra teatral *Pobre menina rica*, de
Vinicius de Moraes e Carlos Lyra.

LADO A
1. Samba do Carioca (Carlos Lyra, Vinicius de Moraes).
Intérpretes: Djavan, Dori Caymmi
2. Sabe Você (Carlos Lyra, Vinicius de Moraes) Intérprete: Djavan
3. Sinhazinha (Despertar) (Chico Buarque). Intérpretes: Djavan, Zezé Motta
4. Desejo (Djavan). Intérprete: Djavan
5. A Violeira (Tom Jobim, Chico Buarque). Intérprete: Elba Ramalho

LADO B
1. Imagina (Tom Jobim, Chico Buarque). Intérpretes: Djavan, Olívia Byington
2. Tanta Saudade (Chico Buarque, Djavan). Intérprete: Djavan
3. Primavera (Carlos Lyra, Vinicius de Moraes). Intérpretes: Djavan, Olívia Byington
4. Sinhazinha (Despedida) (Chico Buarque). Intérpretes: Olívia Byington, Djavan
5. Samba do Grande Amor (Chico Buarque). Intérpretes: Djavan, Sérgio Ricardo
6. Meninos, Eu Vi (Tom Jobim, Chico Buarque). Intérpretes: Olívia Byington, Djavan

1985
O TEMPO E O VENTO

Sello: Som Livre - 403.6323
Dirección musical: Tom Jobim

Banda sonora de la serie televisiva basada en la obra de Érico Veríssimo.

LADO A

1. Introdução (Tom Jobim). Intérprete: Tom Jobim.
Canción basada en el texto de Érico Veríssimo
2. O Tempo e o Vento (Passarim) (Tom Jobim).
Intérpretes: Tom Jobim, Danilo Caymmi
3. Chanson Pour Michelle (Tom Jobim). Intérprete: Tom Jobim
4. Rodrigo Meu Capitão (Tom Jobim, Ronaldo Bastos). Intérprete: Zé Renato
5. Um Certo Capitão Rodrigo (Tom Jobim, Ronaldo Bastos).
Intérpretes: Kleiton e Kledir
6. Minuano (Sadi Cardoso). Intérprete: Renato Borghetti

LADO B

1. O Tempo e o Vento (Passarim) (Tom Jobim)
2. Bangzália (Tom Jobim)
3. Senhora Dona Bibiana (Tom Jobim, Ronaldo Bastos). Intérprete: Zé Renato
4. Querência (Tradicional); Meu Boi Barroso (Tradicional). Intérpretes:
Conjunto Farroupilha
5. O Tempo e o Vento (Passarim) (Tom Jobim). Intérpretes: Tom Jobim, Danilo Caymmi

1987
ANTONIO CARLOS JOBIM
GAL COSTA
RIO REVISITED

Sello: Verve Polygram 841 286-2
Productor: Jack Lewis

Grabado en vivo en el Wilthern
Theater, Los Angeles, EUA.

LADO A
1. Samba de Uma Nota Só (One Note Samba)
Tom Jobim, Newton Mendonça, adpt. Jon Hendricks)
2. Desafinado (Tom Jobim, Newton Mendonça)
3. Água de Beber (Tom Jobim, Vinicius de Moraes)
4. Dindi (Tom Jobim, Aloysio de Oliveira)
5. Wave (Tom Jobim)
6. Chega de Saudade (Tom Jobim, Vinicius de Moraes)

LADO B
1. Two Kites (Tom Jobim)
2. Samba do Soho (Paulo Jobim, Ronaldo Bastos)
3. Sabiá (Tom Jobim, Chico Buarque)
4. Samba do Avião (Tom Jobim)
5. Águas de Março (Tom Jobim)
6. Corcovado (Tom Jobim)

1987
TOM JOBIM
(DISCO 1)

Sello: Sabiá - LPS 87001-2
Arreglos: Tom Jobim

LADO A

1. Wave (Tom Jobim)

2. Chega de Saudade (Tom Jobim, Vinicius de Moraes)

3. Sabiá (Tom Jobim, Chico Buarque)

4. Samba do Avião (Tom Jobim)

5. Garota de Ipanema (Tom Jobim, Vinicius de Moraes)

6. Retrato Em Branco E Preto (Tom Jobim, Chico Buarque)

LADO B

1. Modinha (Villa-Lobos, Manuel Bandeira)

2. Modinha (Tom Jobim, Vinicius de Moraes)

3. Canta, Canta Mais (Tom Jobim, Vinicius de Moraes)

4. Eu Não Existo Sem Você (Tom Jobim, Vinicius de Moraes)

5. Por Causa de Você (Tom Jobim, Dolores Duran)

6. Sucedeu Assim (Tom Jobim, Marino Pinto)

1987
TOM JOBIM
(DISCO 2)

Sello: Sabiá - LPS 87001-2
Arreglos: Tom Jobim

LADO A

1. Imagina (Tom Jobim, Chico Buarque)
2. Eu Sei Que Vou Te Amar (Tom Jobim, Vinicius de Moraes)
3. Canção do Amor Demais (Tom Jobim, Vinicius de Moraes)
4. Falando de Amor (Tom Jobim)
5. Inútil Paisagem (Tom Jobim, Aloysio de Oliveira)
6. Derradeira Primavera (Tom Jobim, Vinicius de Moraes)

LADO B

1. Canção Em Modo Menor (Tom Jobim, Vinicius de Moraes)
2. Estrada do Sol (Tom Jobim, Dolores Duran)
3. Águas de Março (Tom Jobim)
4. Samba de Uma Nota Só (Tom Jobim, Newton Mendonça)
5. Desafinado (Tom Jobim, Newton Mendonça)
6. A Felicidade (Tom Jobim, Vinicius de Moraes)

1987
PASSARIM

Sello: Verve Polygram - 833 234-1
Productor: Jacques Morelembaum

LADO A

1. Passarim (Tom Jobim)
2. Bebel (Tom Jobim)
3. Borzeguim (Tom Jobim)
4. Anos Dourados (Tom Jobim, Chico Buarque). Participación: Chico Buarque
5. Isabella (Paulo Jobim, Gil Goldestein)
6. Fascinating Rhythm (George Gershwin, Ira Gershwin)

LADO B

1. Chansong (Tom Jobim)
2. Samba do Soho (Paulo Jobim, Ronaldo Bastos)
3. Luiza (Tom Jobim)
4. Brasil Nativo (Danilo Caymmi, Paulo César Pinheiro)
5. Gabriela (Tom Jobim)

1994
ANTONIO BRASILEIRO

Sello: Columbia - 419.058
Productor: Paulo Jobim

1. Só Danço Samba (Tom Jobim, Vinicius de Moraes)

2. Piano Na Mangueira (Tom Jobim, Chico Buarque)

3. Insensatez (How Insensitive) (Tom Jobim, Vinicius de Morae,
apt. Norman Gimbel). Participación: Sting

4. Querida (Tom Jobim)

5. Surfboard (Tom Jobim)

6. Samba de Maria Luiza (Tom Jobim). Participación: Maria Luisa Jobim

7. Forever Green (Tom Jobim, Paulo Jobim). Participación: Maria Luisa Jobim

8. Maracangalha (Dorival Caymmi)

9. Maricotinha (Dorival Caymmi). Participación: Dorival Caymmi

10. Pato Preto (Tom Jobim)

11. Meu Amigo Radamés (Tom Jobim)

12. O Trem Azul (Blue Train) (Lô Borges, Ronaldo Bastos, adpt. Tom Jobim)

13. Radamés y Pelé (Tom Jobim)

14. Chora Coração (Tom Jobim, Vinicius de Moraes)

15. Trem de Ferro (Tom Jobim, Manuel Bandeira)

2000
TOM CANTA VINICIUS

Sello: Jobim Music - 325912000362
Productor: Vinicius França

Grabado en vivo en el
CCBB-RJ, 1990.

1. Soneto da Separação (Tom Jobim, Vinicius de Moraes)
2. Valsa de Eurídice (Vinicius de Moraes)
3. Serenata do Adeus (Vinicius de Moraes)
4. Medo de Amar (Vinicius de Moraes)
5. Insensatez (Tom Jobim, Vinicius de Moraes)
6. Poética (Vinicius de Moraes)
7. Eu Não Existo Sem Você (Tom Jobim, Vinicius de Moraes)
8. Derradeira Primavera (Tom Jobim, Vinicius de Moraes)
9. Modinha (Tom Jobim, Vinicius de Moraes)
10. Eu Sei Que Vou Te Amar (Tom Jobim, Vinicius de Moraes)
11. Carta Ao Tom (Toquinho, Vinicius de Moraes)
12. A Felicidade (Tom Jobim, Vinicius de Moraes)
13. Você E Eu (Carlos Lyra, Vinicius de Moraes)
14. Samba do Carioca (Carlos Lyra, Vinicius de Moraes)
15. Ela É Carioca (Tom Jobim, Vinicius de Moraes)
16. Garota de Ipanema (Tom Jobim, Vinicius de Moraes)
17. Pela Luz Dos Olhos Teus (Vinicius de Moraes)

2004

ANTÔNIO CARLOS JOBIM EM MINAS AO VIVO PIANO E VOZ

Sello: Biscoito Fino - BJ 300
Productor: Paulo Jobim

Grabado en vivo en el Palácio das Artes, Belo Horizonte, el 5 de marzo de 1981.

1. Desafinado (Tom Jobim, Newton Mendonça)
2. Samba de Uma Nota Só (Tom Jobim, Newton Mendonça)
3. Por Causa de Você (Tom Jobim, Dolores Duran)
4. Estrada do Sol (Tom Jobim, Dolores Duran)
5. Se Todos Fossem Iguais A Você (Tom Jobim, Vinicius de Moraes)
6. Água de Beber (Tom Jobim, Vinicius de Moraes)
7. Eu Não Existo Sem Você (Tom Jobim, Vinicius de Moraes)
8. Eu Sei Que Vou Te Amar (Tom Jobim, Vinicius de Moraes)
9. Modinha (Tom Jobim, Vinicius de Moraes)
10. Chega de Saudade (Tom Jobim, Vinicius de Moraes)
11. Dindi (Tom Jobim, Aloysio de Oliveira)
12. Eu Preciso de Você (Tom Jobim, Aloysio de Oliveira)
13. Retrato Em Branco E Preto (Tom Jobim, Chico Buarque)
14. Corcovado (Tom Jobim)
15. Ligia (Tom Jobim)
16. Falando de Amor (Tom Jobim)
17. Águas de Março (Tom Jobim)
18. Garota de Ipanema (Tom Jobim, Vinicius de Moraes)

2007
TOM JOBIM AO VIVO EM MONTREAL

Sello: Biscoito Fino - BJ 309
Productor: Paulo Jobim

Grabado en vivo en el Festival de Jazz de Montreal, 1986.

1. Samba de Uma Nota Só (Tom Jobim, Newton Mendonça)
2. Água de Beber (Tom Jobim, Vinicius de Moraes)
3. Chega de Saudade (Tom Jobim, Vinicius de Moraes)
4. Two Kites (Tom Jobim)
5. Wave (Tom Jobim)
6. Borzeguim (Tom Jobim)
7. Falando de Amor (Tom Jobim)
8. Gabriela (Tom Jobim)
9. A Felicidade (Tom Jobim, Vinicius de Moraes)
10. Samba do Avião (Tom Jobim)
11. Águas De Março (Waters Of March) (Tom Jobim)
12. Garota de Ipanema (Tom Jobim, Vinicius de Moraes)
13. Samba de Uma Nota Só (Tom Jobim, Newton Mendonça)

2015

UM ENCONTRO NO
AU BON GOURMET

Sello: Doxy – ACV2046

Grabado en vivo en el Au Bon
Gourmet, Copacabana, 1962.

SIDE A

1. Só Danço Samba (Tom Jobim, Vinicius de Moraes). Intérpretes: Os Cariocas
2. Samba De Uma Nota Só (Tom Jobim, Newton Mendonça). Performers: Tom Jobim
& Os Cariocas
3. Corcovado (Tom Jobim). Intérpretes: João Gilberto & Os Cariocas
4. Samba Da Bênção (Vinicius de Moraes, Baden Powell). Intérprete: Vinicius de Moraes
5. O Amor Em Paz (Tom Jobim, Vinicius de Moraes). Intérpretes: João Gilberto & Os Cariocas
6. Bossa Nova e Bossa Velha (Os Cariocas). Intérpretes: Os Cariocas.
7. Samba Do Avião (Tom Jobim). Intérpretes: Tom Jobim & Os Cariocas

SIDE B

1. O Astronauta (Vinicius de Moraes, Baden Powell). Intérpretes: Vinicius de Moraes
& Os Cariocas
2. Samba Da Minha Terra (Dorival Caymmi). Intérprete: João Gilberto
3. Insensatez (Tom Jobim). Intérprete: João Gilberto
4. Garota De Ipanema (Tom Jobim, Vinicius de Moraes). Intérpretes: João, Tom & Vinicius
5. Devagar Com A Louça (Haroldo Barbosa, Luiz Carlos T. Reis). Intérpretes: Os Cariocas
6. Só Danço Samba (Tom Jobim, Vinicius de Moraes). Intérpretes: João Gilberto & Os Cariocas
7. Garota de Ipanema (Tom Jobim, Vinicius de Moraes); Só Danço Samba (Tom Jobim, Vinicius de
Moraes); Se Todos Fossem Iguais A Você (Tom Jobim, Vinicius de Moraes). Intérpretes: João Gilberto,
Tom Jobim, Vinicius de Moraes, Os Cariocas, Otávio Bailly & Milton Banana

EL
PUENTE
INVISIBLE

El Puente Invisible es un colectivo de editoriales de diferentes lenguas y lugares - Backlands Press (inglés), Ediciones Andantes (español), Les Mots Mobiles (francés) y Oca Editorial (portugués) - con el objetivo de establecer un diálogo permanente entre las culturas y el pensamiento de estos países, con especial atención a la producción del Sur Global. La propuesta es ampliar la bibliodiversidad a través de libros creados especialmente para las editoriales, con el objetivo de trabajar con cuatro ejes fundamentales: cartografiar la producción cultural y científica, presentarla a un público amplio y no especializado, reflexionar sobre esta producción y estimular la creación. Formado por editores, artistas, investigadores y traductores de distintas áreas y nacionalidades, el colectivo El Puente Invisible pretende ser, más que editores, puentes entre culturas.